ZHISHENG ZHI DAO

制胜之道

总主编 曹健华

坚持敢于斗争

JIANCHI GANYU DOUZHENG

湖南教育出版社 · 长沙

本册主编　何良安
本册副主编　姜正君
本册作者　姜正君　王　焱　黄自立　谢　红　樊鹤平　何良安

序　言

中国特色社会主义进入新时代，以习近平同志为主要代表的中国共产党人坚持把马克思主义基本原理同中国具体实际相结合、同中华优秀传统文化相结合，坚持毛泽东思想、邓小平理论、“三个代表”重要思想、科学发展观，深刻总结并充分运用党成立以来的历史经验，从新的实际出发，创立了习近平新时代中国特色社会主义思想。为贯彻落实习近平新时代中国特色社会主义思想，党中央就学习党的历史、总结历史经验作出了一系列重大部署。

2021 年 2 月 20 日，党中央启动党史学习教育，要求全党同志做到学史明理、学史增信、学史崇德、学史力行，学党史、悟思想、办实事、开新局，以昂扬姿态奋力开启全面建设社会主义现代化国家新征程，以优异成绩迎接建党100周年。7月1日，习近平总书记在庆祝中国共产党成立100周年大会上发表重要讲话，回顾了党的百年历史、总结了伟大成就、提出了“九个必须”的根本要求。11月8日至11日，党的十九届六中全会召开，审议通过的《中共中央关于党的百年奋斗重大成就和历史经验的决议》提出：一百年来，党领导人民进行伟大奋斗，在进取中突破，于挫折中奋起，从总结中提高，积累了宝贵的历史经验。这就是坚持党的领导，坚持人民至上，坚持理论创新，坚持独立自主，坚持中国道路，坚持胸怀天下，坚持开拓创新，坚持敢于斗争，坚持统一战线，坚持自我革命。以上十个方面，是经过长期实践积累的宝贵经验，是党和人民共同创造的精神财富，必须倍加珍惜、长期坚持，并在新时代实践中不断丰富和发展。

中国共产党全面总结党的百年奋斗重大成就和历史经验，对推动全党进一步统一思想、统一意志、统一行动，团结带领全国各族人民夺取新时代中国特色社会主义新的伟大胜利，具有重大现实意义和深远历史意义。决议有助于党员干部增强“四个意识”，坚定“四个自信”，做到“两个维护”，捍卫“两个确立”。当前和今后一段时间，学习宣传阐释党的十九届六中全会精神是一项重要政治任务，广大理论工作者尤其是党校理论工作者必须在这一关键时刻担当使命，积极作为。正是因为有了这种责任感和使命感，中共湖南省委党校（湖南行政学院）、韶山干部学院在党的十九届六中全会召开后就积极行动起来，校（院）委第一时间传达会议精神，专家学者们在湖南卫视、湖南经视、红网等主流媒体进行解读，13 位省委党校的专家学者入选湖南省十九届六中全会精神宣讲团。为了给广大党员干部提供鲜活的学习教材，省委党校、韶山干部学院发挥师资力量雄厚、研究基础良好、善于团结协作的优势，编辑出版了“制胜之道”丛书。

该丛书以习近平新时代中国特色社会主义思想为指导，对《中共中央关于党的百年奋斗重大成就和历史经验的决议》提出的十条历史经验进行全面系统深入学习研究。丛书对标决议原文、立足百年党史、着眼重大成就，以宏阔的视野阐释百年历史经验，包括其重大意义、形成条件、基本内涵、实践基础、时代要求等内容，力求用活泼的语言表达深邃的思想、用严谨的逻辑彰显理论的魅力、用生动的案例印证历史的规律，做到权威性、理论性、可读性、趣味性有机融合，使之成为一套雅俗共赏的丛书，引导党员干部和广大人民群众学原文悟原理，切实汲取历史智慧、洞悉历史规律、掌握历史主动，进一步增强党史自信，旗帜鲜明抵制历史虚无主义，真正实现正本清源、固本培元。

回首来时路，我们热血沸腾、心潮澎湃。眺望前行路，我们壮志在胸、豪情满怀。让我们更加紧密地团结在以习近平同志为核心的党中央周围，勿忘昨天的苦难辉煌，无愧今天的使命担当，不负明天的伟大梦想，以史为鉴、开创未来，全面落实“三高四新”战略定位和使命任务，为全面建设富强民主文明和谐美丽的社会主义现代化新湖南不懈奋斗！为实现中华民族伟大复兴的中国梦奋勇前进！

编者

2022 年 1 月

前　言

敢于斗争，是马克思主义唯物辩证法的内在要求。世界是矛盾的集合体，社会就是在矛盾运动中前进的。有矛盾就会有斗争，斗争无所不在、无时不有。我们党要团结带领人民有效应对重大挑战、抵御重大风险、克服重大阻力、解决重大矛盾，必须进行具有许多新的历史特点的伟大斗争，任何贪图享受、消极懈怠、回避矛盾的思想和行为都是错误的。

敢于斗争，是我们党不断取得胜利的重要法宝。党和人民取得的一切成就，不是天上掉下来的，不是别人恩赐的，而是通过不断斗争取得的。党在内忧外患中诞生、在历经磨难中成长、在攻坚克难中壮大，为了人民、国家、民族，为了理想信念，无论敌人如何强大、道路如何艰险、挑战如何严峻，党总是绝不畏惧、绝不退缩，不怕牺牲、百折不挠，谱写了气吞山河的壮丽史诗，创造了举世瞩目的辉煌成就，建立了彪炳史册的不朽功勋。

敢于斗争，是当前我们面临的形势和任务的客观需要。当前，“中华民族伟大复兴号”巨轮扬帆起航、劈波斩浪，已经驶入了辽阔的大海远洋。“船到中流浪更急，人到半山路更陡。”在未来前进道路上，我们面临的风险考验只会越来越复杂，甚至会遇到难以想象的惊涛骇浪。习近平总书记强调，“中华民族伟大复兴，绝不是轻轻松松、敲锣打鼓就能实现的”。广大党员干部必须发扬斗争精神，坚定斗争意志，提高斗争艺术，增强斗争本领，迎战前进道路上的一切风险挑战。

只要我们把握新的伟大斗争的历史特点，

抓住和用好历史机遇，下好先手棋、打好主动仗，发扬斗争精神，增强斗争本领，凝聚起全党全国人民的意志和力量，就一定能够战胜一切可以预见和难以预见的风险挑战。

目　录

第一章

敢于斗争是马克思主义的精神特质

习近平总书记指出，实现伟大梦想，必须进行伟大斗争。全党要发扬斗争精神，提高斗争本领，不断夺取伟大斗争新胜利。这是基于时代要求向广大党员干部发出的动员令，也是基于马克思主义的精神特质得出的必然结论。敢于斗争是唯物辩证法的内在要求，是马克思主义理论的鲜明特征，是无产阶级政党的固有属性。

一、敢于斗争是唯物辩证法的内在要求

人类生活的物质世界是怎样的?它究竟有没有发展规律？有什么发展规律？形而上学坚持

用孤立的、静止的、片面的观点看世界，而唯物辩证法坚持用联系的、发展的、系统的观点看世界，认为世界是普遍联系和永恒发展的物质世界。矛盾的观点是唯物辩证法的根本观点。“事物的矛盾法则，即对立统一的法则，是唯物辩证法的最根本的法则。”①

1. 世界上任何事物和现象都包含矛盾

何谓矛盾？矛盾就是指对立面的统一。作为一个关系范畴，矛盾不是事物，也不是实体，它本质上是事物内部各要素或事物之间的一种特殊的关系。正是由于事物内部或事物之间存在着这种“对立统一”的关系，矛盾才得以形成。中国古代《周易》讲“一阴一阳之谓道”“一阖一辟谓之变”，说的就是对立面的统一。我们常说的“一分为二”“合二为一”“一物两

---

① 毛泽东. 毛泽东选集：第1卷［M］. 北京：人民出版社，1991：299.

体”“相反相成”等，都是中国古代哲学对矛盾的理解和表达。

矛盾是普遍存在的。世界是矛盾的集合体，“不存在与矛盾斗争绝缘的纯净世界，也不存在与世界无关的纯粹矛盾”①。世界上的一切事物和现象都包含矛盾，矛盾贯穿于事物的各个方面和发展的全过程。一切事物都是在自身的矛盾运动中发展的。矛盾无时不有、无处不在，时时有矛盾、事事有矛盾，这就是矛盾的普遍性。矛盾的普遍性，包括两个方面的意思：“其一是说，矛盾存在于一切事物的发展过程中；其二是说，每一事物的发展过程中存在着自始至终的矛盾运动。”②

首先，矛盾存在于一切事物的发展过程中。现代科学表明，无论是宏观领域还是微观领域，

---

① 陈曙光，李娟仙. 论伟大斗争［J］. 学校党建与思想教育，2019，10（19）：10-14.

② 毛泽东. 毛泽东选集：第1卷［M］. 北京：人民出版社，1991：305.

无机界还是有机界，自然界还是人类社会，物质现象还是精神现象，都充满着矛盾。比如，在机械运动中存在着作用与反作用的矛盾；在物理运动中存在着阴电与阳电、波动性与粒子性的矛盾；在化学运动中存在着化合与分解、氧化与还原的矛盾；在生物运动中存在着同化与异化、遗传与变异的矛盾；在社会运动中存在着生产力与生产关系、经济基础与上层建筑的矛盾；在人的思维中存在着真理与谬误、相对与绝对的矛盾；等等。毛泽东同志说，“没有什么事物是不包含矛盾的，没有矛盾就没有世界”①。否认事物的矛盾，就否认了世界的一切。

其次，每一事物的发展过程中存在着自始至终的矛盾运动。每一事物从它产生、发展到消亡的整个过程中始终贯穿着矛盾。旧的矛盾

---

① 毛泽东．毛泽东选集：第1卷［M］．北京：人民出版社，1991：305.

解决了，又会迎来新的矛盾。比如，人的生命的全过程贯穿着呼与吸、吸收与排泄、细胞增殖与凋亡的矛盾运动。这个矛盾运动一旦停止，人的生命即行结束，死亡也就到来。又比如，生产与需求的矛盾贯穿于人类社会发展的每个阶段。改革开放以来，我们党团结带领全国各族人民经过长期努力，解决了人民日益增长的物质文化需要和落后的社会生产之间的矛盾，新时代我国社会主要矛盾已转化为人民日益增长的美好生活需要和不平衡不充分的发展之间的矛盾。

矛盾的客观性、普遍性原理要求我们在任何时候、对任何事物都要坚持矛盾观点和矛盾分析方法。在实际工作中，我们要敢于直面矛盾、揭露矛盾、分析矛盾、解决矛盾，决不否认矛盾、掩盖矛盾、回避矛盾、害怕矛盾。

2. 斗争性是推动事物发展的根本动力

唯物辩证法认为，矛盾是事物发展的根本动力。古人云：和而不同，同则不继。矛盾的对立面既统一又斗争，推动着事物的运动、变化和发展。人类社会是在生产力与生产关系、经济基础与上层建筑的矛盾运动中向前发展的。

任何矛盾都具有同一性和斗争性两种基本属性。

矛盾的同一性，指矛盾的对立双方在一定条件下互相联系、互相依存、互相渗透、互相贯通的性质。

矛盾的斗争性，指矛盾双方互相分离、互相对立、互相排斥、互相否定的倾向和趋势。矛盾斗争性的外延是极其广泛的，内容是极其丰富的，形式是极其多样的。

凡有矛盾，必有斗争。斗争无所不在、无时不有。矛盾斗争并不可怕，可怕的是畏惧矛盾、逃避斗争。习近平同志指出，“我们党要团结带领人民有效应对重大挑战、抵御重大风险、克服重大阻力、解决重大矛盾，必须进行具有许多新的历史特点的伟大斗争，任何贪图享受、消极懈怠、回避矛盾的思想和行为都是错误的”①。

矛盾的同一性是相对的，矛盾的斗争性是绝对的。

列宁指出，“对立面的统一（一致、同一、均势）是有条件的、暂时的、易逝的、相对的。相互排斥的对立面的斗争是绝对的，正如发展、运动是绝对的一样”②。只有当某种特定条件具备时，矛盾双方才能共居一个统一体中；当这种特定条件消失时，矛盾双方就不能再共居一个统一体中。所以，矛盾的同一性是有条件的、

① 习近平．习近平谈治国理政：第3卷［M］．北京：外文出版社，2020：12.

② 中共中央马克思恩格斯列宁斯大林著作编译局．列宁选集：第2卷［M］．北京：人民出版社，1995：557.

相对的。

矛盾斗争的绝对性，是指“矛盾的斗争性既受特定条件的限制，同时又能打破这种特定条件的限制，从而使旧的统一体破裂”[①]。矛盾的斗争性离不开同一性，但同时又破坏同一性，从这个意义来讲，矛盾的斗争性是无条件的、绝对的。近年来，随着中国的崛起，美国打着“知识产权”“贸易逆差”等幌子对中国实行全面打压和遏制，无论中国作何种让步，美国都不会改变遏制中国崛起的决心，这是由中美双方矛盾斗争的绝对性所决定的。

矛盾的同一性与斗争性相互作用，推动事物的发展，但同一性与斗争性在事物发展中的作用是不同的。

矛盾的同一性是事物存在和发展的条件，决定了事物发展的基本趋势和方向，提供了矛

---

① 中共中央宣传部理论局. 马克思主义哲学十讲：党员干部读本［M］. 北京：学习出版社，2013：91.

盾双方相互转化的内在桥梁，但它本身不能为发展提供动力。从更深刻的本质来说，事物发展的根本动力在于自我否定性，即矛盾双方的斗争性。列宁指出，“发展是对立面的‘斗争’”。矛盾斗争性是理解事物的质的“飞跃”“渐进过程的中断”，是“旧东西的消灭和新东西的产生的钥匙”。赫拉克利特说，“一切都是通过斗争和必然性而产生的”。

矛盾的斗争性在事物发展中的作用有两方面：

一是推动矛盾双方力量对比的变化。在事物的质没有发生根本变化的情况下，矛盾双方的斗争推动双方的力量此消彼长，为对立面的转化以及事物的质变做量的准备和创造条件。毛泽东同志指出，“任何事物的内部都有其新旧两个方面的矛盾，形成为一系列的曲折的斗争。斗争的结果，新的方面由小变大，上升为支配的东西；旧的方面则由大变小，变成逐步归于灭亡的东西”[①]。

二是促进旧的矛盾统一体的破裂。当矛盾双方的发展沿着各自的方向达到极限时，只有通过你死我活的斗争才能突破这个极限，从而促使旧的矛盾统一体解体，产生新的矛盾统一体，实现事物的质变。这时矛盾的斗争性对推动事物的质变和飞跃就起到决定性作用。纵观人类社会发展史，无论是社会形态的依次更替，还是社会形态的跨越式发展，都是通过斗争实现的。奴隶同奴隶主、农民同地主、无产阶级同资产阶级之间的阶级斗争，直接推动阶级社会的发展。马克思指出，“革命是历史的火车头”[②]。恩格斯强调，“每个社会的各阶级之间的斗争，总是历史发展的伟大动力”[③]。

---

① 毛泽东. 毛泽东选集：第1卷［M］. 北京：人民出版社，1991：323.

② 中共中央马克思恩格斯列宁斯大林著作编译局. 马克思恩格斯选集：第1卷［M］. 北京：人民出版社，2012：527.

③ 中共中央马克思恩格斯列宁斯大林著作编译局. 马克思恩格斯文集：第4卷［M］. 北京：人民出版社，2009：505.

3. 斗争是解决矛盾和问题的基本手段

矛盾是不断发展演化的，不断解决又不断产生，旧的去了新的又来。旧的矛盾统一体解体而让位于新的矛盾统一体，从而使原来的矛盾得到解决。恩格斯指出，“矛盾绝不能长期掩饰起来，它们总是以斗争来解决的”①。

“以斗争求团结则团结存，以退让求团结则团结亡。”② 矛盾主体为避免矛盾的冲突和激化而作出妥协、让步，但矛盾依然存在，最多只是矛盾得到缓解。如果一味姑息和迁就，非但无助于矛盾和问题的解决，甚至会滋生出更严重的后果，蔓延成更严峻的形势。第一次国共合作失败的血的教训深刻，一大批年轻的共产党员倒在了反革命的腥风血雨之中。对手和敌

① 中共中央马克思恩格斯列宁斯大林著作编译局. 马克思恩格斯全集：第 36 卷［M］. 北京：人民出版社，1975：359.

② 毛泽东. 毛泽东选集：第 2 卷［M］. 北京：人民出版社，1991：745.

人是不会因为我们的忍让和退缩，就停止对我们的斗争和打击，从而息事宁人、天下太平的。毛泽东同志指出，“我们要承认困难，分析困难，向困难作斗争。世界上没有直路，要准备走曲折的路，不要贪便宜。不能设想，哪一天早上，一切反动派会统统自己跪在地下”①。

对不同性质的矛盾应采取不同的斗争方式。唯物辩证法认为，矛盾在一切事物及其运动中存在的特点是不相同的，这就是矛盾的特殊性。认识事物，最主要的是认识事物的特殊性；研究矛盾，最主要的是研究矛盾的特殊性。矛盾的特殊性决定了矛盾解决方法的特殊性。毛泽东同志指出，“解决矛盾的方法，即斗争的形式，则因矛盾的性质不同而不相同”②，“用不

---

① 毛泽东. 毛泽东选集：第4卷［M］. 北京：人民出版社，1991：1163.

② 毛泽东. 毛泽东选集：第1卷［M］. 北京：人民出版社，1991：335.

同的方法去解决不同的矛盾，这是马克思列宁主义者必须严格地遵守的一个原则"①。

对于非对抗性的矛盾，一般应采取非对抗性斗争的解决方式。比如，对于人民内部矛盾和思想认识问题，要用教育说理、批评与自我批评的方式展开斗争。但对于对抗性矛盾，就应采取暴力手段和法律手段进行对抗性斗争。当然，某些对抗性的矛盾在一定条件下转化为非对抗性矛盾后，就应该用互相妥协、"双赢互利"的斗争方法暂时解决；而某些非对抗性矛盾一旦转化为对抗性矛盾，就必须用刚性斗争的方式解决。一句话，斗争是必要的，但何时斗争、该怎样斗争，则必须具体问题具体分析。

① 毛泽东. 毛泽东选集：第1卷［M］. 北京：人民出版社，1991：311.

二、敢于斗争是马克思主义理论的鲜明特征

斗争精神是马克思主义理论的宝贵品质、精神底色。马克思的一生，是革命的一生、战斗的一生。恩格斯说，“马克思首先是一个革命家……斗争是他的生命要素。很少有人像他那样满腔热情、坚韧不拔和卓有成效地进行斗争”①。马克思的女儿曾问他：“您认为人生最大的幸福是什么?”他回答：“斗争。”

1. 马克思主义是实践的批判的革命的理论

马克思主义具有鲜明的实践品格。

实践的观点是马克思主义首要的和基本的

---

① 中共中央马克思恩格斯列宁斯大林著作编译局. 马克思恩格斯选集：第3卷［M］. 北京：人民出版社，2012：1003.

观点，实践性是马克思主义理论区别于其他理论的显著特征。马克思写道："哲学家们只是用不同的方式解释世界，而问题在于改变世界。"① 马克思说："对实践的唯物主义者即共产主义者来说，全部问题都在于使现存世界革命化，实际地反对并改变现存的事物。"② 马克思主义诞生于十九世纪中叶，是西方资本主义社会矛盾发展的必然产物。当时社会阶级矛盾尖锐对立，无产阶级迫切需要一种科学的理论作为自己的思想武器，马克思主义顺应社会时代的客观要求和无产阶级的迫切需要而生。

习近平总书记指出，"马克思主义不是书斋里的学问，而是为了改变人民历史命运而创立的，是在人民求解放的实践中形成的，也是在人民求解放的实践中丰富和发展的，为人民认

---

① 中共中央马克思恩格斯列宁斯大林著作编译局. 马克思恩格斯选集：第 1 卷［M］. 北京：人民出版社，2012：140.

② 同①155.

识世界、改造世界提供了强大精神力量”①。马克思主义深深植根于实践、服务于实践，并在实践发展中不断丰富发展。马克思主义的实践性，决定中国共产党人必须发挥斗争精神，大胆探索、开拓创新，敢于破除一切僵化的思想观念和体制机制，把中国特色社会主义事业不断推向前进。

马克思主义具有彻底的批判精神。

彻底的批判性是马克思主义的重要特征。马克思一生写下《黑格尔法哲学批判》《神圣家族，或对批判的批判所做的批判》《政治经济学批判》《哥达纲领批判》等光辉著作。他指出，“必须推翻使人成为被侮辱、被奴役、被遗弃和被蔑视的东西的一切关系”②，“要对现存

---

① 习近平. 在纪念马克思诞辰200周年大会上的讲话［M］. 北京：人民出版社，2018：9.

② 中共中央马克思恩格斯列宁斯大林著作编译局. 马克思恩格斯选集：第1卷［M］. 北京：人民出版社，2012：10.

的一切进行无情的批判”，“我们不想教条地预期未来，而只是想通过批判旧世界发现新世界”①。

马克思主义不仅以批判的态度对待资本主义社会，而且以批判的态度对待社会主义社会，认为社会主义社会也是一个需要不断改革的社会；不仅以批判的态度对待其他社会思潮、学说体系，而且以批判的精神对待自己的学说，从不故步自封，从不把自己的学说看作最终完成的真理体系，而是看作发展的创造性的科学。正是由于马克思主义植根于实践，并以批判的精神对待自己，所以马克思主义是一个发展开放的理论体系，能够永葆理论青春，不断探索时代发展提出的新课题、回应人类社会面临的新挑战。

马克思主义具有坚定的革命精神。

---

① 中共中央马克思恩格斯列宁斯大林著作编译局. 马克思恩格斯全集：第 47 卷［M］. 北京：人民出版社，2004：64.

这首先源于它彻底的批判性，即一种否定性的方法论原则。马克思指出："辩证法，在其合理形态上，引起资产阶级及其空论主义的代言人的恼怒和恐怖，因为辩证法在对现存事物的肯定的理解中同时包含对现存事物的否定的理解，即对现存事物的必然灭亡的理解；辩证法对每一种既成的形式都是从不断的运动中，因而也是从它的暂时性方面去理解；辩证法不崇拜任何东西，按其本质来说，它是批判的和革命的。"①

其次，源于它鲜明的阶级性。马克思主义公开声明它是为无产阶级和人民大众服务的，是"千百万工人公认的共同纲领"，是"工人阶级的圣经"。马克思主义创始人"毕生的真正使命，就是以这种或那种方式参加推翻资本主

---

① 中共中央马克思恩格斯列宁斯大林著作编译局. 马克思恩格斯选集：第2卷［M］. 北京：人民出版社，2012：94.

义社会及其所建立的国家设施的事业”[①]。他们撰写的《共产党宣言》是一部革命的宣言书：“共产党人不屑于隐瞒自己的观点和意图。他们公开宣布：他们的目的只有用暴力推翻全部现存的社会制度才能达到。让统治阶级在共产主义革命面前发抖吧。无产者在这个革命中失去的只是锁链。他们获得的将是整个世界。”[②]

2. 阶级斗争学说是马克思主义的重要内容

马克思主义的诞生是阶级斗争的产物。

十九世纪中叶，随着资本主义的快速发展和社会矛盾的急剧积累，无产阶级和资产阶级的矛盾斗争日益尖锐，法国、英国、德国接连爆发了工人阶级反对资本主义制度的斗争。法

---

① 中共中央马克思恩格斯列宁斯大林著作编译局. 马克思恩格斯选集：第3卷［M］. 北京：人民出版社，2012：1003.

② 中共中央马克思恩格斯列宁斯大林著作编译局. 马克思恩格斯选集：第1卷［M］. 北京：人民出版社，2012：435.

国里昂工人起义、英国宪章运动和德国西里西亚纺织工人起义，标志着无产阶级作为独立政治力量登上历史舞台，开始由自在阶级向自为阶级转变。但是，由于没有革命理论的指导和无产阶级政党的领导，工人的几次起义均以失败告终。

伟大实践呼唤伟大理论，伟大理论引领伟大时代。马克思主义应运而生，科学揭示了资本主义社会的内部矛盾以及人类社会发展规律。它犹如一轮壮丽的日出，照亮了无产阶级探索历史规律和寻求自身解放的道路。列宁指出："马克思主义提供了一条指导性的线索，使我们能在这种看来扑朔迷离、一团混乱的状态中发现规律性。这条线索就是阶级斗争的理论。"①

阶级斗争是理解阶级社会发展规律的基本线索。

---

① 中共中央马克思恩格斯列宁斯大林著作编译局. 列宁选集：第2卷［M］. 北京：人民出版社，1995：426.

阶级斗争贯穿整个阶级社会。马克思、恩格斯在《共产党宣言》中开宗明义地指出，“至今一切社会的历史都是阶级斗争的历史。自由民和奴隶、贵族和平民、领主和农奴、行会师傅和帮工，一句话，压迫者和被压迫者，始终处于相互对立的地位，进行不断的、有时隐蔽有时公开的斗争”[①]。尽管现代资产阶级消灭了封建社会，但并没有消灭阶级压迫和阶级斗争，只是用新的阶级压迫取代旧的阶级压迫、用新的斗争形式取代旧的斗争形式。阶级斗争根源于阶级利益的对立，“只要有利益相互对立、相互冲突和社会地位不同的阶级存在，阶级之间的战争就不会消灭”[②]。

《共产党宣言》指出了一个著名的原理：

---

① 中共中央马克思恩格斯列宁斯大林著作编译局. 马克思恩格斯选集：第1卷［M］. 北京：人民出版社，2012：400.

② 中共中央马克思恩格斯列宁斯大林著作编译局. 马克思恩格斯全集：第11卷［M］. 北京：人民出版社，1995：264.

“一切阶级斗争都是政治斗争。”① 这是理解阶级社会发展规律的一把钥匙。毛泽东同志一生曾阅读《共产党宣言》不下一百遍，1920 年第一次读了以后，就建立起对马克思主义的信仰，并且从来没有动摇过。他回忆说：“记得我在一九二〇年，第一次看了考茨基著的《阶级斗争》，陈望道翻译的《共产党宣言》……我才知道人类自有史以来就有阶级斗争，阶级斗争是社会发展的原动力，初步地得到认识问题的方法论……我只取了它四个字：‘阶级斗争’，老老实实地来开始研究实际的阶级斗争。”②

阶级斗争必然导致无产阶级专政。

阶级和阶级斗争并不是马克思的首创，复辟时代法国历史学家很早就发现了这个问题。

① 中共中央马克思恩格斯列宁斯大林著作编译局. 马克思恩格斯选集：第 1 卷［M］. 北京：人民出版社，2012：409.

② 中共中央文献研究室. 毛泽东文集：第 2 卷［M］. 北京：人民出版社，1993：378-379.

马克思说，“无论是发现现代社会中有阶级存在或发现各阶级间的斗争，都不是我的功劳”①。但资产阶级历史学家不能科学揭示阶级斗争的起源和本质，当然也不能正确看待阶级斗争的历史作用。马克思说，“我所加上的新内容就是证明了下列几点：（1）阶级的存在仅仅同生产发展的一定历史阶段相联系；（2）阶级斗争必然导致无产阶级专政；（3）这个专政不过是达到消灭一切阶级和进入无阶级社会的过渡……”②。

马克思深刻指明“只要阶级存在，阶级斗争就不可避免”，揭示了无产阶级要消灭阶级和阶级压迫、实现自身解放和全人类解放，必须进行阶级斗争，夺取国家政权。马克思、恩格斯之所以特别强调阶级斗争的重要性，并不在于“喜欢进行阶级斗争”，而在于不合理的社会

① 中共中央马克思恩格斯列宁斯大林著作编译局. 马克思恩格斯选集：第4卷［M］. 北京：人民出版社，2012：425-426.

② 同①426.

现实使得他们得出“必须进行阶级斗争”的结论，非此不足以荡涤旧恶、除旧布新。马克思强调，“我们是从世界的原理中为世界阐发新原理。我们并不向世界说：停止你那些斗争吧，它们都是愚蠢之举；我们要向你喊出真正的斗争口号”①。

3. 马克思主义发展史是一部伟大的斗争史

习近平总书记在2019年秋季学期中央党校（国家行政学院）中青年干部培训班开班式上指出，“马克思主义产生和发展、社会主义国家诞生和发展的历程充满着斗争的艰辛……都是在斗争中诞生、在斗争中发展、在斗争中壮大的”②。

马克思在同黑格尔哲学和费尔巴哈哲学的

---

① 中共中央马克思恩格斯列宁斯大林著作编译局. 马克思恩格斯全集：第47卷［M］. 北京：人民出版社，2004：66.

② 习近平. 习近平谈治国理政：第3卷［M］. 北京：外文出版社，2020：225.

斗争中，创立了辩证唯物主义与历史唯物主义。

马克思创立新说，必须翻越“两座思想高峰”。黑格尔是德国古典哲学的集大成者，代表近代唯心主义哲学最顶峰；费尔巴哈是旧唯物主义的集大成者，代表旧唯物主义最高峰。青年马克思曾是黑格尔的铁杆“粉丝”，深受黑格尔哲学的影响。大学毕业后，他深入社会实践，“遇到要对所谓物质利益发表意见的难事”①，逐渐发现黑格尔哲学“头足倒置”，理解人类社会发展的钥匙不应当到他所推崇的“理性精神”中去寻找，而应当到“现实的人”的物质生活和生产中去寻找。青年马克思也曾一度“迷恋”费尔巴哈，用他的人本唯物主义来批判黑格尔的思辨唯心主义。但随着对政治经济学研究的深入，他发现，费尔巴哈唯物主义“不

---

①　中共中央马克思恩格斯列宁斯大林著作编译局．马克思恩格斯全集：第 31 卷［M］．北京：人民出版社，1998：411．

了解‘革命的’、‘实践批判的’活动的意义”①。

马克思在同以黑格尔为代表的唯心主义、以费尔巴哈为代表的旧唯物主义哲学的批判斗争中，逐渐克服了黑格尔的唯心主义，吸取了其辩证法的“合理内核”，克服了费尔巴哈的形而上学，吸取了其唯物主义的“基本内核”，最终实现了唯物论与辩证法的有机统一、唯物主义的自然观与历史观的有机统一。

马克思主义在同蒲鲁东、拉萨尔、巴枯宁、杜林等的斗争中得到捍卫和发展。

蒲鲁东主义反对一切国家和政府，反对阶级斗争和无产阶级专政，认为国家和政府是“万恶之源”。拉萨尔主义鼓吹“自由的人民国家”，主张通过和平的合法斗争争得普选权，反

---

① 中共中央马克思恩格斯列宁斯大林著作编译局. 马克思恩格斯选集：第 1 卷［M］. 北京：人民出版社，2012：133.

对无产阶级暴力革命。巴枯宁主义鼓吹绝对自由，反对任何权威和国家，主张消灭一切国家。杜林主义鼓吹唯心主义先验论，反对废除私有制，否定暴力革命。尽管他们的观点有所不同，但都反对无产阶级革命和专政，给工人运动带来了巨大危害。

为了清除机会主义、改良主义思潮在工人队伍中的影响，马克思、恩格斯同他们进行坚决斗争，写下了《法兰西内战》《政治冷淡主义》《论权威》《巴枯宁〈国家制度和无政府状态〉一书摘要》《哥达纲领批判》《反杜林论》等重要文献，捍卫了科学社会主义原则。马克思主义在同反马克思主义思潮的斗争中发展，在全球广泛传播，成为世界各国无产阶级政党的理论基础。这些无产阶级政党在马克思主义指导下，同资产阶级的斗争不断取得新胜利。

马克思主义在同伯恩施坦修正主义的斗争中落地生根开花。

马克思、恩格斯相继逝世后，以伯恩施坦为代表的修正主义者认为，马克思主义“完全过时了”，科学社会主义是“空想”，提出要全面“修正”马克思主义。以伯恩施坦为代表的修正主义在第二国际内部泛滥，给国际共产主义运动带来了严重危害。以列宁为主要代表的马克思主义者同修正主义进行坚决斗争，捍卫了马克思主义的无产阶级革命原则。1917 年冬，列宁领导布尔什维克党发动“十月革命”，武装夺取政权，社会主义理论从科学变成现实。

“十月革命”之所以能够取得成功，从理论来看，是列宁坚持和发展了马克思主义，创造性提出了社会主义“一国胜利论”；从实践来看，是列宁把马克思主义的政党思想同俄国革命实践相结合，创建了无产阶级政党布尔什维克党，并领导工人阶级同沙皇和帝国主义进行了不懈斗争。

中国马克思主义在同“左”和右的错误的

斗争中不断向前发展。

中国共产党诞生以后，由于党早期思想理论不成熟，把苏联的革命经验绝对化、把共产国际指示神圣化、把马克思主义教条化，先后犯过三次“左”倾错误。以毛泽东同志为代表的马克思主义者，坚决同“左”倾思想作斗争，把马克思列宁主义基本原理同中国具体实际相结合，开辟出农村包围城市、武装夺取政权的革命道路，创立了毛泽东思想。“文革”结束以后，以邓小平同志为主要代表的中国共产党人，坚决同“两个凡是”的错误方针进行斗争，拉开了改革开放的历史大幕，进而创立了邓小平理论。党的十三届四中全会以后，以江泽民同志为主要代表的中国共产党人同“那些不合时宜的观念、做法和体制”斗争、同“马克思主义的错误的和教条式的理解”斗争、同“主观主义和形而上学的桎梏”斗争，形成了“三个代表”重要思想。党的十六大以后，以胡锦涛同志为主要代表的中国共产党人，坚决同“四大风险”“四大考验”斗争，不断以理论创新引领事业发展，形成了科学发展观。党的十八大以来，以习近平同志为主要代表的中国共产党人，坚持把马克思主义基本原理同中国具体实际相结合、同中华优秀传统文化相结合，统筹“两个大局”、统领“四个伟大”，同一系列重大风险挑战作斗争，提出一系列原创性的治国理政新理念新思想新战略，创立了习近平新时代中国特色社会主义思想，实现了马克思主义中国化新的飞跃。

三、敢于斗争是无产阶级政党的固有属性

斗争精神是无产阶级政党鲜明的政治品格、本质属性。无产阶级政党在马克思主义指导下、在革命实践中完成自己的历史使命，必须敢于

斗争、勇于斗争。列宁指出，“我们知道只有斗争才能决定我们（最终）能够前进多远”①。

1. 无产阶级政党肩负伟大的历史使命

现代资本主义是喊着“自由、平等、博爱”的口号，举着“自由、民主、人权”的旗帜来到人世间的。

相比于中世纪蒙昧主义、禁欲主义的神学统治，相比于封建的、宗法的专制统治，现代资本主义无疑是巨大的历史进步：经济上，“资产阶级在它的不到一百年的阶级统治中所创造的生产力，比过去一切世代创造的全部生产力还要多，还要大”②；政治上，推翻了专制统治，打破了世袭制、等级制和人身依附关系，使人获得了一定程度上的“自由”和“解放”；

---

① 中共中央马克思恩格斯列宁斯大林著作编译局. 列宁选集：第4卷［M］. 北京：人民出版社，2012：564.

② 中共中央马克思恩格斯列宁斯大林著作编译局. 马克思恩格斯选集：第1卷［M］. 北京：人民出版社，2012：405.

文化上，高扬理性的旗帜，推动了思想文化的多元化，促进了人的思想解放。

资本主义只是使少数人获得自由和解放。

马克思认为，资产阶级革命属于政治解放的范畴，只是废除了以出身血统、政治身份为标志的封建等级差别，使公民穿上了“权利平等”“机会平等”的外衣，获得了形式上、表面上的解放，但并没有实现人的真正的解放和平等。“政治解放从法律制度层面一视同仁赋予每个人自由权、财产权、人权、公民权等，但赋予一个人自由权，并不意味他就真有自由；赋予财产权，并不意味他就一定会有财产；赋予人权，并不意味他都能活得像个人样。”[①] 在现实生活领域、经济领域，广大的无产阶级和资产阶级存在严重的不平等。资产阶级拥有巨额的物质财富，享受财富带来的自由和解放，

① 姜正君. 马克思的国家观及其当代价值［M］. 北京：人民出版社，2020：138.

无产阶级却“一无所有”，戴着沉重的枷锁，受资本的奴役和统治。资产阶级当初许诺给人民的“自由”“平等”，不过是一张“空头支票”，当无产阶级要求予以兑现时，资产阶级就会“把共和国的‘自由，平等，博爱’这句格言代以毫不含糊的‘步兵，骑兵，炮兵’”[①]。

正是基于对资本主义政治解放限度的深刻认识，马克思提出了超越市民社会与国家、从政治解放走向人类解放的远大理想。只有实现共产主义，才能消灭政治国家的压迫性质，使国家从凌驾于社会之上的寄生赘瘤转变成服从这个社会的机关；消灭经济领域内资本逻辑对人的统治，驾驭和驯服资本这一匹烈马，使资本为人民服务；消灭“旧式分工”“异化劳动”，使劳动不再是奴役人的工具，而成为解放人的手段；消灭唯心主义、利己主义等原则对

---

① 中共中央马克思恩格斯列宁斯大林著作编译局. 马克思恩格斯选集：第 1 卷［M］. 北京：人民出版社，2012：706.

人的精神束缚，使人的精神获得彻底解放。总之，只有实现共产主义，才能实现人的真正的彻底的解放。

无产阶级肩负着人类解放的历史使命。

马克思认为，无产阶级是实现人类解放的“心脏”和“物质武器”。他在《〈黑格尔法哲学批判〉导言》中指出，“哲学把无产阶级当做自己的物质武器，同样，无产阶级也把哲学当做自己的精神武器”，“这个解放的头脑是哲学，它的心脏是无产阶级”①。无产阶级是“一个被戴上彻底的锁链的阶级”②，“自己遭受普遍苦难”③，却“不要求享有任何特殊的权利”④，“它必须承担社会的一切重负，而不能享受社会的福利，它被排斥于社会之外”⑤，代表了一个不解放全人类就不能解放自身的阶级。

---

① 中共中央马克思恩格斯列宁斯大林著作编译局. 马克思恩格斯选集：第1卷［M］. 北京：人民出版社，2012：16.

②③④ 同①15.

⑤ 同①170.

无产阶级是大工业本身的产物，其他阶级都“随着大工业的发展而日趋没落”；无产阶级是具有远大志向、真正革命的阶级，其他阶级都缺乏开阔的胸怀、“缺乏革命的大无畏精神”。马克思说，“只要把无产阶级巨大的童鞋同德国资产阶级极小的政治烂鞋比较一下，我们就能够预言德国灰姑娘将来必然长成一个大力士的体型”①。

无产阶级政党是无产阶级的政治代表。

无产阶级为了推翻资产阶级，完成自己的历史使命，必须建立本阶级的革命政党，并在它的领导下进行斗争。这是革命导师反复论证的一条基本原理。马克思指出：“无产阶级在反对有产阶级联合力量的斗争中，只有把自身组织成为与有产阶级建立的一切旧政党不同的、

① 中共中央马克思恩格斯列宁斯大林著作编译局．马克思恩格斯选集：第4卷［M］．北京：人民出版社，2012：199-200.

相对立的政党，才能作为一个阶级来行动。”[①]无产阶级政党由无产阶级先进分子所组成，是工人阶级中最忠诚、最有觉悟的部分，是工人阶级的核心、先锋队和战斗指挥部，是工人阶级实现其伟大历史使命的先进部队，它“不是争论俱乐部，而是战斗的无产阶级的组织”[②]。无产阶级政党的性质和使命，决定了它必须保持高昂的斗争精神，敢于同一切阻碍实现自己目标的敌对势力作长期的斗争；同时始终保持自己的纯洁性和先进性，不断地同自己内部的非无产阶级思想、机会主义和腐败现象作斗争。

2. 无产阶级政党在斗争中发展壮大

国际共产主义运动史表明，无产阶级政党

---

① 中共中央马克思恩格斯列宁斯大林著作编译局. 马克思恩格斯选集：第 3 卷［M］. 北京：人民出版社，2012：173.

② 中共中央马克思恩格斯列宁斯大林著作编译局. 列宁选集：第 2 卷［M］. 北京：人民出版社，2012：459.

是在斗争中成长和发展起来的，这是党的建设和发展规律。恩格斯指出，“一个大国的任何工人政党，只有在内部斗争中才能发展起来，这是符合一般辩证发展规律的”①。

欧洲无产阶级政党在斗争中成长发展。

1847 年 6 月，马克思、恩格斯指导创立了世界上第一个无产阶级政党——共产主义者同盟。这是第一个以科学社会主义为指导思想的国际无产阶级的政党。1847 年 11 月，共产主义者同盟在伦敦举行第二次代表大会，大会委托马克思、恩格斯起草同盟纲领，随之诞生了国际共产主义运动第一个纲领性文献《共产党宣言》。从此，无产阶级的斗争就有了科学理论的指导。在马克思主义指导下，国际组织和无产阶级政党纷纷建立。尽管共产主义者同盟成立五年后宣告分裂，但无产阶级政党仍然在斗争

---

① 中共中央马克思恩格斯列宁斯大林著作编译局. 马克思恩格斯选集：第 4 卷［M］. 北京：人民出版社，2012：551.

中发展。1864 年，国际工人协会（第一国际）成立，共产主义运动事业逐渐壮大。1871 年春，第一国际把法国的各支部联合起来，领导了震惊世界的工人起义，建立起世界上第一个工人阶级政权——巴黎公社。

尽管巴黎公社仅仅坚持几十天就宣告失败，但无产阶级政党仍然在斗争中前行，在斗争中发展，在斗争中进步。到十九世纪末，德国社会民主工党、丹麦社会民主工人党、美国社会劳工党、法国工人党、西班牙社会主义工人党、意大利工人党、俄国“劳动解放社”、英国社会主义同盟、比利时工人党、挪威工人党、奥地利社会民主工党、瑞典社会民主工人党、瑞士社会民主党等，欧美主要国家的社会主义政党或组织得到了极大的发展。

苏联无产阶级政党在斗争中曲折发展。

1903 年，俄国社会民主工党分裂为布尔什维克和孟什维克两派。以列宁为代表的布尔什维克派同孟什维克派进行坚决斗争，创建了俄国布尔什维克党，并在党的领导下取得俄国“十月革命”的胜利，建立了世界上第一个社会主义国家，开辟了人类历史的新纪元。如果没有以列宁为代表的布尔什维克党领导工人阶级同孟什维克派、取消派、召回派的坚决斗争，就不可能诞生苏维埃社会主义共和国联盟。在“十月革命”的影响和推动下，从欧洲到美洲，从大洋洲到非洲，从西方到东方，世界各国纷纷成立共产党，并相继爆发了无产阶级革命。

中国共产党在斗争中从胜利走向胜利。

中国共产党成立一百年来，为什么能发展成为世界上人数最多、最大的政党？回顾党百年奋斗历史，我们党是在攻坚克难、英勇斗争中发展壮大的，敢于斗争、敢于胜利是中国共产党不可战胜的强大精神力量。习近平总书记指出，“我们党诞生于国家内忧外患、民族危难之时，一出生就铭刻着斗争的烙印，一路走来就是在斗争中求得生存、获得发展、赢得胜利”[①]。新民主主义革命时期，党领导人民浴血奋战、百折不挠，同帝国主义、封建主义、官僚资本主义进行不屈不挠的英勇斗争；社会主义革命与建设时期，党领导人民消灭在中国延续几千年的封建剥削压迫制度，战胜了帝国主义、霸权主义的颠覆破坏和武装挑衅；改革开放和社会主义现代化建设新时期，党领导人民坚定不移推进改革开放，战胜了来自各方面的风险挑战；在中国特色社会主义新时代，党领导人民战胜一系列重大风险挑战，党和国家事业取得历史性成就、发生历史性变革。

一百年来，一代又一代的中国共产党人，不畏艰辛、不怕牺牲，前赴后继、英勇斗争，中国共产党才从小到大、从弱到强，从苦难走

---

① 习近平. 习近平谈治国理政：第 3 卷［M］. 北京：外文出版社，2020：542.

向辉煌，从成立初期只有五十多名党员的小党发展成为拥有九千五百多万名党员、领导着十四亿多人口大国、具有重大全球影响力的世界第一大执政党。中国共产党依靠斗争赢得过去，也必将在伟大斗争中走向辉煌、成就伟大梦想。

3. 中国共产党是马克思主义使命型政党

中国共产党是以马克思主义为指导，以人民至上为价值宗旨，以实现自身民族、国家的解放和发展为自觉使命，以推进世界大同、实现共产主义、实现每一个人的自由全面发展为最终使命，具有强烈的历史主体意识和责任担当情怀的政党。中国共产党从诞生之日起，就将“为中国人民谋幸福、为中华民族谋复兴、为世界人民谋大同”作为自己的历史使命。

为中国人民谋幸福是中国共产党的永恒初心。

为谁服务、为谁谋利，是一个政党的根本

性问题。我们党自诞生之日起就坚持人民至上，全心全意为人民服务，为人民利益而奋斗。毛泽东同志指出，“共产党是为民族、为人民谋利益的政党，它本身决无私利可图”①。邓小平同志指出，“我们过去几十年艰苦奋斗，就是靠用坚定的信念把人民团结起来，为人民自己的利益而奋斗”②。习近平总书记指出，“人民对美好生活的向往，就是我们的奋斗目标”③。党的十九大将“坚持以人民为中心”作为新时代坚持和发展中国特色社会主义的基本方略之一。因此，人民立场是中国共产党的根本政治立场，是马克思主义政党区别于其他政党的显著标志。

正是秉持这一基本价值立场，中国共产党人在前进道路上不断从人民群众中汲取发展动

---

① 毛泽东. 毛泽东选集：第3卷［M］. 北京：人民出版社，1991：809.

② 邓小平. 邓小平文选：第3卷［M］. 北京：人民出版社，1993：190.

③ 习近平. 习近平谈治国理政：第1卷［M］. 北京：外文出版社，2018：3.

力，并获得了广大人民群众源源不断的力量支持，尤其是在面对重大风险挑战的时候，从广大人民群众之中所迸发出的磅礴力量，是任何艰难险阻都阻挡不住的。人民群众是中国共产党斗争的最大底气，有人民群众作为后盾支持，中国共产党人在为人民谋幸福的奋斗过程中，就能义无反顾、充满斗志、一往无前。凡是危害我国人民根本利益的各种风险挑战，我们党就必须进行坚决斗争，而且必须取得斗争胜利。

为中华民族谋复兴是中国共产党的历史使命。

习近平说，“一百年来，中国共产党团结带领中国人民进行的一切奋斗、一切牺牲、一切创造，归结起来就是一个主题：实现中华民族伟大复兴”①。

新民主主义革命时期，党面临的主要任务

---

① 习近平. 在庆祝中国共产党成立 100 周年大会上的讲话[N]. 人民日报，2021-07-02（02）.

是反对帝国主义、封建主义、官僚资本主义，争取民族独立、人民解放，为实现中华民族伟大复兴创造根本社会条件。党领导人民浴血奋战、百折不挠，彻底结束了旧中国半殖民地半封建社会的历史，废除了列强强加给中国的不平等条约和帝国主义在中国的一切特权，实现了中国从几千年封建专制政治向人民民主的伟大飞跃。

社会主义革命和建设时期，党面临的主要任务是实现从新民主主义到社会主义的转变，进行社会主义革命，推进社会主义建设，为实现中华民族伟大复兴奠定根本政治前提和制度基础。党领导人民自力更生、发愤图强，完成社会主义革命，消灭一切剥削制度，实现了一穷二白、人口众多的东方大国大步迈进社会主义社会的伟大飞跃。

改革开放和社会主义现代化建设新时期，党面临的主要任务是继续探索中国建设社会主义的正确道路，解放和发展社会生产力，使人民摆脱贫困、尽快富裕起来，为实现中华民族伟大复兴提供充满新的活力的体制保证和快速发展的物质条件。党领导人民解放思想、锐意进取，实现了从生产力相对落后的状况到经济总量跃居世界第二的历史性突破，推进了中华民族从站起来到富起来的伟大飞跃。

中国特色社会主义进入新时代，党面临的主要任务是实现第一个百年奋斗目标，开启实现第二个百年奋斗目标新征程，朝着实现中华民族伟大复兴的宏伟目标继续前进。党领导人民自信自强、守正创新，推动党和国家事业取得历史性成就、发生历史性变革，书写中华民族几千年历史上最恢宏的史诗。

为人类社会谋大同是中国共产党的责任担当。

大道之行，天下为公。大党之大、大国之大，不在于体量大、块头大、拳头大，而在于胸襟大、格局大、担当大。习近平总书记强调，“大国要有大国的样子，要展现更多责任担当”①。中国共产党自成立以来，就是一个具有世界情怀的政党，始终秉持这样的理念：“只要是对全人类有益的事情，中国就应该义不容辞地做，并且做好。”② “从提出和平共处五项原则，到将坚持和平发展道路写入宪法、载入党章；从把对外开放作为中国的一项基本国策，到加入几乎所有政府间国际组织和500多项国际公约；从提出推动建设新型国际关系、构建人类命运共同体，到弘扬和平、发展、公平、正义、民主、自由的全人类共同价值，从携手各方共建‘一带一路’到积极参与全球治理体系改革和建设……中国以实际行动为世界和平

① 习近平. 同舟共济克时艰 命运与共创未来：在博鳌亚洲论坛2021年年会开幕式上的视频主旨演讲［M］. 北京：人民出版社，2021：4.

② 习近平. 让多边主义的火炬照亮人类前行之路：在世界经济论坛“达沃斯议程”对话会上的特别致辞［M］. 北京：人民出版社，2021：10-11.

与发展作出重要贡献”①。

回首百年，中国共产党领导中国人民为人类和平与发展作出的重大贡献有目共睹。面向未来，中国将继续做世界和平的建设者、全球发展的贡献者、国际秩序的维护者，为增进人类共同福祉、构建人类命运共同体作出更大贡献。当今世界正处于世界百年未有之大变局，挑战和风险日益严峻和复杂，我们党必须旗帜鲜明地反对霸权主义和强权政治，同一切威胁世界和平的行为进行多种方式的斗争，任何放弃斗争的想法都只能是幻想。

① 和音. 为世界谋大同的使命担当［N］. 人民日报，2021-07-01（02）.

第二章

敢于斗争是
党不断取得胜利的重要法宝

“敢于斗争是我们党的鲜明品格。”① 中国共产党百年奋斗历史就是一部气势恢宏的斗争实践史。“敢于斗争、敢于胜利，是党和人民不可战胜的强大精神力量。党和人民取得的一切成就，不是天上掉下来的，不是别人恩赐的，而是通过不断斗争取得的。”② 党的百年实践充分表明，敢于斗争是我们党不断取得胜利的重要法宝。

---

① 习近平. 立志做党光荣传统和优良作风的忠实传人 在新时代新征程中奋勇争先建功立业［N］. 人民日报，2021-03-02（01）.

② 中共中央关于党的百年奋斗重大成就和历史经验的决议［M］. 北京：人民出版社，2021：69.

一、党敢于斗争的优良传统

敢于斗争、善于斗争是我们党的优良传统。“马克思主义产生和发展、社会主义国家诞生和发展的历程充满着斗争的艰辛。建立中国共产党、成立中华人民共和国、实行改革开放、推进新时代中国特色社会主义事业，都是在斗争中诞生、在斗争中发展、在斗争中壮大的。”[1]在这个过程中，我们党的斗争意志不断坚定，斗争本领不断增强。

1. 新民主主义革命时期：浴血奋战、百折不挠的伟大斗争

为有牺牲多壮志，敢教日月换新天。“中华

① 习近平. 发扬斗争精神增强斗争本领 为实现“两个一百年”奋斗目标而顽强奋斗［N］. 人民日报，2019-09-04（01）.

民族是世界上古老而伟大的民族，创造了绵延五千多年的灿烂文明，为人类文明进步作出了不可磨灭的贡献。一八四〇年鸦片战争以后，由于西方列强入侵和封建统治腐败，中国逐步成为半殖民地半封建社会，国家蒙辱、人民蒙难、文明蒙尘，中华民族遭受了前所未有的劫难。为了拯救民族危亡，中国人民奋起反抗，仁人志士奔走呐喊，进行了可歌可泣的斗争。”① 但是各种救国方案轮番出台都以失败告终。“十月革命”一声炮响，给中国送来了马克思列宁主义，中国人民和中华民族逐渐觉醒。1921 年 7 月，中国共产党应运而生，在马克思列宁主义同中国工人运动的紧密结合中，我们党深刻地认识到，“近代中国社会主要矛盾是帝国主义和中华民族的矛盾、封建主义和人民大众的矛盾。实现中华民族伟大复兴，必须进行

---

① 中共中央关于党的百年奋斗重大成就和历史经验的决议［M］. 北京：人民出版社，2021：3.

反帝反封建斗争”[①]。

与帝国主义和封建军阀作斗争，掀起大革命高潮。党成立后，广泛开展工人运动，不断推动斗争实践的发展。1922 年 7 月，党的二大第一次明确提出了彻底的反帝反封建的民主革命纲领，为中国各民族人民的革命斗争指明了方向。随后，党发动工人运动、青年运动、农民运动、妇女运动，并且在共产国际指导下，与国民党进行了第一次国共合作，推进改组国民党和建立国民革命军。此后，以广州为中心，汇集全国革命力量，很快开创了反对帝国主义和封建军阀的革命新局面。1926 年 7 月，国民革命军誓师北伐，直接打击帝国主义支持的北洋军阀。虽然敌我兵力悬殊，但在“集中兵力、各个歼敌”战略方针指导下，在沿途人民群众

① 中共中央关于党的百年奋斗重大成就和历史经验的决议［M］. 北京：人民出版社，2021：4.

大力支持下，北伐军一路势如破竹。工农群众运动以空前规模迅速开展，掀起大革命高潮。在北伐进军过程中，共产党员、共青团员舍生忘死，敢于斗争冲在前。尤其是共产党员叶挺领导的独立团，率先攻入武昌城。北伐战争在短时间内取得巨大成功，是国共合作结出的硕果，更是党敢于合作、敢于斗争、敢于胜利的初步体现。1927 年，国民党内反动集团叛变革命，残酷屠杀共产党人和革命人民，大革命惨遭失败。大革命虽然失败了，但它的斗争精神不可磨灭。无论是在大革命高潮中，还是在白色恐怖之下，中国共产党人始终表现出大无畏的自我牺牲精神，宁死不屈的斗争意志，赢得了人民的信赖，为继续斗争积累了经验。

与国民党反动统治和封建土地制度作斗争，兴起土地革命风暴。大革命失败后，年轻的中国共产党没有被吓倒，而是擦干血迹，继续战斗。“党从残酷的现实中认识到，没有革命的武装就无法战胜武装的反革命，就无法夺取中国革命胜利。”[①] 党既要实行“又团结又斗争”的方针，又要争取无产阶级在革命中的领导权。必须坚持武装斗争，组建由党直接统率和指挥的军队；必须解决农民土地问题，以充分发动农民参加革命。1927 年 8 月 1 日，在以周恩来为书记的中共中央前敌委员会领导下，贺龙、叶挺、朱德、刘伯承等率领党所掌握和影响的军队两万多人，在南昌打响了武装反抗国民党反动派的第一枪。随后，党领导举行秋收起义、广州起义和其他许多地区起义，但由于敌我力量悬殊，这些起义大多数都失败了。然而反革命镇压扑灭不了革命的火种，既然客观情况不允许通过占领中心城市来取得革命在全国的胜利，那么就从进攻大城市转为进军农村。毛泽东同志领导军民在井冈山建立第一个农村革命

---

① 中共中央关于党的百年奋斗重大成就和历史经验的决议［M］．北京：人民出版社，2021：4-5.

根据地，党领导人民打土豪、分田地，让广大农民翻身得解放，为人民根本利益而斗争。随着斗争实践的发展，土地革命广泛地开展起来，中央革命根据地和湘鄂西、海陆丰等其他革命根据地先后创建起来。同时，党在国民党统治下的白区也发展了党和其他革命组织，开展了群众革命斗争。这时，红军和根据地的顽强存在和迅速发展，使国民党统治集团感到震惊，蒋介石集中兵力向各根据地和红军发动了多次大规模“围剿”。红军在反“围剿”斗争中，形成了消灭敌人有生力量，集中兵力、各个歼敌，“打得赢就打，打不赢就走”等战略战术思想。然而，由于王明“左”倾教条主义在党内的错误领导，中央革命根据地第五次反“围剿”失败，红军不得不开始长征转战到陕北。长征途中，红军与穷凶极恶的追兵斗争，与极度恶劣的自然环境斗争，与党内错误思想斗争。正是在不断的斗争中，党和红军找到了中国革命的正确理论和正确道路，形成了“以毛泽东同志为核心的党的第一代中央领导集体，开启了党独立自主解决中国革命实际问题新阶段”①。

与日本帝国主义作斗争，开展抗日救亡运动。1931 年九一八事变后，日本帝国主义加紧侵略中国，民族危机空前加深，中日民族矛盾逐渐上升为主要矛盾。党率先高举武装抗日旗帜，广泛开展抗日救亡运动，为建立抗日民族统一战线而斗争，为反抗日本帝国主义侵略而斗争。党领导组织“一二·九”运动，和平解决西安事变，旨在推动国共再次合作、团结抗日。1937 年 7 月 7 日夜，日本侵略军悍然发动卢沟桥事变，一场决定中华民族命运的殊死斗争拉开帷幕。次日，敢于斗争的中国共产党通电全国，号召“全中国同胞，政府，与军队，团结起来，筑成民族统一战线的坚固长城，抵

① 中共中央关于党的百年奋斗重大成就和历史经验的决议［M］. 北京：人民出版社，2021：6.

抗日寇的侵掠!”9月，国共两党重新合作，抗日民族统一战线正式形成。面对蒋介石集团的片面抗战路线，中国共产党则主张全面抗战路线；面对“亡国论”“速胜论”，中国共产党则提出“持久战”的战略总方针。在全面抗战路线和“持久战”战略总方针指导下，党领导八路军、新四军、东北抗日联军和其他人民抗日武装英勇作战，开赴抗日前线取得平型关大捷、开展敌后抗日游击战、发动大规模对日进攻的百团大战、打退国民党顽固派反共高潮、巩固抗日根据地、推进抗日民主运动、对日全面反攻，成为全民族抗战的中流砥柱，直到取得中国人民抗日战争的最后胜利。

与国民党反动派作斗争，决战解放全中国。抗日战争胜利后，国际国内政治形势有利于中国政局朝着和平民主方向发展。然而中国共产党和中国人民维护国内和平民主的积极努力，却受到国民党统治集团的严重阻碍。国民党统治集团越来越把注意力放到消灭中国共产党和其他民主势力这方面来，想要继续维持国民党一党专政，建立一个大地主大资产阶级专政的半殖民地半封建的国家。中国共产党为此进行了重庆谈判和争取和平民主的斗争。1945 年 8 月 28 日，毛泽东一行以“明知山有虎，偏向虎山行”的斗争气概，从延安飞抵重庆进行谈判，为争取和平民主，在一些问题上作出了必要的让步，最终达成“双十协定”，停止国内军事冲突。但是 1946 年 6 月底，国民党重兵围攻以鄂豫边宣化店为中心的中原解放区，挑起全面内战。“面对国民党反动派悍然发动的全面内战，党领导广大军民逐步由积极防御转向战略进攻，打赢辽沈、淮海、平津三大战役和渡江战役，向中南、西北、西南胜利进军，消灭国民党反动派八百万军队，推翻国民党反动政府，推翻帝国主义、封建主义、官僚资本主义三座大山。党领导的人民军队在人民支持下，以一往无前的英雄气概同穷凶极恶的敌人进行殊死斗争，为夺取新民主主义革命胜利建立了历史功勋。”①

2. 社会主义革命和建设时期：自力更生、发愤图强的伟大斗争

1949 年 10 月 1 日，伴随着五星红旗徐徐升起，伴随着《义勇军进行曲》的激昂旋律，伴随着五十四门礼炮齐鸣二十八响，中华人民共和国成立了。新中国成立后，面对整个中国社会民生凋敝、百废待兴的局面，面对西方敌对势力对新生人民共和国的打压，党肩负起完成社会主义革命和推进社会主义建设的历史任务，开始了从新民主主义转向社会主义的全新斗争。

与新中国成立之初面临的执政威胁作斗争，巩固新生人民政权。新中国成立后，党和人民在政治、经济、军事等方面面临严峻挑战，党

① 中共中央关于党的百年奋斗重大成就和历史经验的决议［M］. 北京：人民出版社，2021：7.

采取一系列积极稳健的政策措施，领导全国各族人民满怀信心地迎接挑战，开始了建设新中国的伟大斗争。军事上，面对国民党在西南、华南和沿海岛屿的一百多万军队和在新解放区的大批残余力量，以及帝国主义势力的策动，人民解放军继续向华南、西南进军，以雷霆万钧之势扫荡残敌。尤其是同西藏上层分裂势力进行了军事和政治紧密配合的斗争，于 1951 年和平解放西藏，标志着祖国大陆完全统一。经济上，面对生产萎缩、民生困苦、物价飞涨、投机猖獗的状况，面对极其困难的财政经济状况，党精心领导了稳定物价和统一财经的斗争，成功组织了同投机资本作斗争的“银元之战”和“米棉之战”；为解放农村生产力，激发广大农民的政治热情和生产积极性，进行了土地改革的斗争。国际上，面对美国实行的政治孤立、经济封锁和军事包围，一方面，制定和实施“另起炉灶”“打扫干净屋子再请客”和“一边倒”三条基本外交方针进行斗争；另一方面，党中央全面估量国内外形势，作出了派遣中国人民志愿军入朝作战、抗美援朝、保家卫国的历史性决策，打出了中国人民的精气神，赢得了抗美援朝战争伟大胜利，捍卫了新中国的安全。党的建设上，面对艰巨繁重的建设任务，面对资产阶级“糖衣炮弹”的攻击，面对各地党政机关内部暴露出的贪污、浪费现象和官僚主义问题，采取群众运动的方式，开展“三反”“五反”斗争。这些斗争巩固了新生的人民民主专政的国家政权，为恢复和发展经济工作提供了必要的社会政治条件。新中国在错综复杂的国内国际环境中站稳了脚跟。

与生产资料私有制作斗争，进行社会主义改造。国民经济恢复之后，国家发展面临新的形势和许多新的问题。在农村，土地改革后农民分散落后的个体经济难以满足城市和工业发展对粮食及农产品原料不断增长的需要。在城市，工人阶级同资产阶级之间限制和反限制斗争时起时伏，给国家经济生活带来很大影响。必须加紧和扩大农村的互助合作运动和城市限制资本的措施，进行对国民经济实行系统的社会主义改造的斗争。在这场斗争中，党从实际情况出发，创造了一系列适合中国特点的由初级到高级逐步过渡的斗争形式，循序渐进地改变了旧的生产关系。对农业的社会主义改造，贯彻自愿和互利原则，采取典型示范、逐步推广的方法，引导农民走互助合作道路。对个体手工业的社会主义改造，经过生产合作小组、供销生产合作社和生产合作社三个阶段，按照不同手工业者容易接受的形式进行。对资本主义工商业的改造，通过国家资本主义途径实现“和平赎买”。1956 年底，三大改造的斗争在适应本国国情的方式下平稳有序完成，我国的社会主义经济制度基本建立，成功实现了中国历史上最深刻最伟大的社会变革。

与苏联模式暴露的问题作斗争，独立探索社会主义道路。苏联模式的推广曾对我国社会主义建设起到过积极推动作用，但是随着实践的发展，苏联模式的局限开始暴露。党中央经过慎重思考，提出要以苏联经验教训为鉴，独立探索适合中国国情的社会主义建设道路，一场关于社会主义建设的伟大斗争开始了。以党的八大为标志，这场斗争有了良好开端。遗憾的是，党的八大形成的正确路线未能完全坚持下去，先后出现“大跃进”运动、人民公社化运动等错误，反右派斗争也被严重扩大化，还发生了“文化大革命”这样全局性的、长时间的“左”倾严重错误。林彪、江青两个反革命集团利用这一错误，进行了大量祸国殃民的罪恶活动，酿成十年内乱，使党、国家、人民遭到新中国成立以来最严重的挫折和损失。庆幸的是，在这一探索过程中，党和人民对“左”的错误的斗争一直没有停止过。从郑州会议到庐山会议，从“二月提纲”到“二月抗争”，从1972年批极左到1975年全面整顿，从“四五运动”到彻底粉碎“四人帮”。正是全党和广大工人、农民、解放军指战员、知识分子和各级干部的抵制和斗争，使“左”的错误特别是“文化大革命”的破坏受到一定程度的限制，社会主义建设在一些重要领域仍然取得一定进展，党、人民政权、人民军队和整个社会的性质都没有改变。

3. 改革开放和社会主义现代化建设时期：解放思想、锐意进取的伟大斗争

“文化大革命”结束后，党深刻认识到，只有实行改革开放才是唯一出路，否则我们的现代化事业和社会主义事业就会被葬送。面对改革开放新斗争，邓小平同志明确指出：“革命是要搞阶级斗争，但革命不只是搞阶级斗争。生产力方面的革命也是革命，而且是很重要的革

命，从历史的发展来讲是最根本的革命。”[1] 这时，带领全国人民“继续探索中国建设社会主义的正确道路，解放和发展社会生产力，使人民摆脱贫困、尽快富裕起来”[2] 成为党的主要斗争任务，开始了以物质生产斗争为主的发展斗争史。

与“文化大革命”遗留的问题作斗争，进行拨乱反正。“文革”结束后，为稳定局势，当时党内一些人提出和推行了“两个凡是”的错误方针，为新形势下坚持真理、修正错误设置了障碍，一场为解放思想的斗争开始酝酿。党内外同“两个凡是”的斗争引发了真理标准问题的大讨论，批判了危害多年的极左思潮，恢复了党的马克思主义思想路线，成为正本清源、拨乱反正和改革开放的思想先导。党的十一届

---

① 邓小平. 邓小平文选：第 2 卷［M］. 北京：人民出版社，1994：311.

② 中共中央关于党的百年奋斗重大成就和历史经验的决议［M］. 北京：人民出版社，2021：15.

三中全会后，为恢复党和国家正常秩序，推动党和国家向前发展，一场拨乱反正的斗争开始进行，逐步完成了冤假错案平反、社会关系调整和指导思想拨乱反正的斗争任务。全国共纠正了三百多万名干部的冤假错案，四十七万多名共产党员恢复了党籍，妥善地解决了大量党内和人民内部的矛盾。特别是正确评价了毛泽东同志的历史地位和毛泽东思想的科学体系，制定了《关于建国以来党的若干历史问题的决议》。这表明中国共产党是一个实事求是、有错必纠，敢于斗争、勇于自我革命的马克思主义政党。

与传统僵化的社会主义观念作斗争，开创中国特色社会主义。党的十一届三中全会后，党带领人民紧紧围绕什么是社会主义、怎样建设社会主义这一根本问题展开了斗争。与人民公社政社合一体制进行斗争，农村家庭联产承包责任制率先突破；与传统计划经济体制进行斗争，扩大企业自主权改革全面推开；与单一所有制结构进行斗争，实现城镇集体经济和个体经济新发展；与封闭半封闭的状态进行斗争，兴办经济特区逐步实行对外开放。1982 年 9 月 1 日，邓小平同志在党的十二大开幕词中响亮提出："把马克思主义的普遍真理同我国的具体实际结合起来，走自己的道路，建设有中国特色的社会主义。"[①] 随着社会主义建设实践发展，党逐步认识了社会主义的本质，厘清了计划和市场的关系。1992 年初，邓小平同志在南方谈话中，强调"社会主义的本质，是解放生产力，发展生产力，消灭剥削，消除两极分化，最终达到共同富裕"[②]，强调"计划多一点还是市场多一点，不是社会主义与资本主义的本质区别。计划经济不等于社会主义，资本主义也

① 邓小平. 邓小平文选：第 3 卷［M］. 北京：人民出版社，1993：3.

② 同①373.

有计划；市场经济不等于资本主义，社会主义也有市场。计划和市场都是经济手段”①。随后，党的十四大明确提出建立社会主义市场经济体制的改革目标，成功开创中国特色社会主义。

与敌对势力煽动的政治动乱作斗争，捍卫社会主义国家政权。随着改革开放的推进，经济运行中也出现了一系列不稳定、不协调的问题。党毫不动摇坚持四项基本原则和改革开放，勇于斗争，从容应对“政治风波”后美国对中国的“制裁”，以及苏联解体后西方国家掀起的反华浪潮，扭转了局面、争取了主动。这场斗争的胜利，捍卫了我国社会主义性质的国家政权，维护了社会正常秩序和人民根本利益。

与传统的发展观作斗争，提出科学发展观。经过改革开放二十多年的拼搏斗争，中国特色

---

① 邓小平. 邓小平文选：第3卷［M］. 北京：人民出版社，1993：373.

社会主义迈入新世纪。这时，我国综合国力与经济实力都显著增强，但也面临着前所未有的问题。按照传统发展观念和发展模式走下去，资源难以支撑，环境难以容纳，社会难以承受，发展难以持续。这就要求我们必须转变发展方式、破解发展难题，走上科学发展道路，一场关于转变发展观的斗争打响了。党的十六届三中全会第一次在党的正式文件中完整地提出了科学发展观，强调坚持以人为本，树立全面、协调、可持续的发展观，促进经济社会和人的全面发展。随后，以实现人的全面发展为目标，统筹城乡、区域、经济社会、人与自然、国内发展和对外开放等各个方面，使之相互协调、相互促进，在以经济建设为中心基础上，逐步推进经济、政治、文化、社会“四位一体”建设，加快经济发展方式转变，成功应对国际金融危机和各种挑战。

4. 中国特色社会主义新时代：自信自强、守正创新的伟大斗争

党的十八大以来，中国特色社会主义进入新时代。党团结带领人民有效应对重大挑战、抵御重大风险、克服重大阻力、解决重大矛盾，进行了具有许多新的历史特点的伟大斗争。“出台一系列重大方针政策，推出一系列重大举措，推进一系列重大工作，战胜一系列重大风险挑战，解决了许多长期想解决而没有解决的难题，办成了许多过去想办而没有办成的大事，推动党和国家事业取得历史性成就、发生历史性变革。”① 开启了一场以党的自我革命推动社会革命的全方位伟大斗争。

与新时代新矛盾作斗争，统筹推进“五位一体”总体布局，协调推进“四个全面”战略布局。“中国特色社会主义进入新时代，我国社

① 中共中央关于党的百年奋斗重大成就和历史经验的决议［M］. 北京：人民出版社，2021：27.

会主要矛盾已经转化为人民日益增长的美好生活需要和不平衡不充分的发展之间的矛盾。”①面对新矛盾、新挑战，党敢于斗争，有效应对，统筹推进“五位一体”总体布局，协调推进“四个全面”战略布局，实现经济社会全面发展。

统筹推进“五位一体”总体布局。进行经济建设的伟大斗争，着重关注发展不平衡、不协调、不可持续问题，贯彻新发展理念，推动经济发展质量变革、效率变革、动力变革。进行政治建设的伟大斗争，着重关注和抵制西方所谓“宪政”、多党轮流执政、“三权鼎立”等政治思潮的侵蚀影响，坚定中国特色社会主义政治制度自信。进行文化建设的伟大斗争，着重关注和反对拜金主义、享乐主义、极端个人

---

① 习近平. 决胜全面建成小康社会 夺取新时代中国特色社会主义伟大胜利：在中国共产党第十九次全国代表大会上的报告［M］. 北京：人民出版社，2017：11.

主义和历史虚无主义等错误思潮，以及一些领导干部政治立场模糊、缺乏斗争精神的现象，着力解决意识形态领域党的领导弱化问题。进行社会建设的伟大斗争，着重关注民生保障短板和人民群众急难愁盼的问题，在幼有所育、学有所教、劳有所得、病有所医、老有所养、住有所居、弱有所扶上持续用力，组织实施人类历史上规模最大、力度最强的脱贫攻坚战。进行生态文明建设的伟大斗争，着重关注资源环境约束趋紧、生态系统退化等问题，提出“绿水青山就是金山银山”的生态文明理念，构建山水林田湖草沙一体化保护和系统治理，全方位、全地域、全过程加强生态环境保护。

协调推进“四个全面”战略布局。明确全面建设社会主义现代化国家的阶段性斗争目标，推动新时代具有新的历史特点的伟大斗争的历史进程。进行全面深化改革的伟大斗争，着力解决深层次体制机制问题和利益固化藩篱问题，以更大的政治勇气和智慧推进全面深化改革，敢于啃硬骨头，敢于涉险滩，突出制度建设，注重改革关联性和耦合性，真枪真刀推进改革。进行全面依法治国的伟大斗争，着重关注有法不依、执法不严、司法不公、违法不究等问题，就科学立法、严格执法、公正司法、全民守法作出顶层设计和重大部署，统筹推进法律规范体系、法治实施体系、法治监督体系、法治保障体系和党内法规体系建设。进行全面从严治党的伟大斗争，着重关注管党不力、治党不严问题，特别是“七个有之”问题，加强党的长期执政能力建设、先进性和纯洁性建设，全面推进党的政治、思想、组织、作风、纪律建设，把制度建设贯穿其中，深入推进反腐败斗争。

与各种不安全因素和分裂势力作斗争，维护国家安全和推进祖国统一。“进入新时代，我国面临更为严峻的国家安全形势，外部压力前所未有，传统安全威胁和非传统安全威胁相互交织，‘黑天鹅’、‘灰犀牛’事件时有发生。”①国家安全是头等大事，党提出总体国家安全观，着力推进国家安全体系和能力建设，把安全发展贯穿国家发展各领域全过程，顶住和反击外部极端打压遏制，开展涉港、涉台、涉疆、涉藏、涉海等斗争，有效维护了国家安全。在涉港问题上，坚定贯彻“一国两制”方针，全力支持香港特别行政区政府维护香港大局稳定，并审时度势，制定了《中华人民共和国香港特别行政区维护国家安全法》。在涉台问题上，台湾当局加紧进行“台独”分裂活动，拒不承认体现一个中国原则的“九二共识”，单方面破坏两岸关系和平发展的政治基础，纵容支持各种形式的“去中国化”“渐进台独”分裂活动。为此，我们党进行了坚决斗争，坚决反对“台独”分裂行径，坚决反对外部势力干涉，牢牢

① 中共中央关于党的百年奋斗重大成就和历史经验的决议[M]. 北京：人民出版社，2021：55.

把握两岸关系主导权和主动权。

与霸权主义和强权政治作斗争，推动构建人类命运共同体。“进入新时代，国际力量对比深刻调整，单边主义、保护主义、霸权主义、强权政治对世界和平与发展威胁上升，逆全球化思潮上升，世界进入动荡变革期。”① 面对复杂形势和风险挑战，党中央统筹国内国际两个大局，加强对外工作顶层设计，为应对人类面临的共同风险和挑战而积极斗争，“推动建设新型国际关系，推动构建人类命运共同体，弘扬和平、发展、公平、正义、民主、自由的全人类共同价值，引领人类进步潮流”②。2013 年 3 月，习近平主席在莫斯科国际关系学院发表演讲，倡导构建人类命运共同体。2017 年 1 月 18 日，习近平主席在联合国日内瓦总部发表主旨

---

① 中共中央关于党的百年奋斗重大成就和历史经验的决议［M］. 北京：人民出版社，2021：59-60.

② 同①60.

演讲，面对“世界怎么了、我们怎么办?”这一时代之问，提出“构建人类命运共同体，实现共赢共享”的中国方案，倡导建设持久和平、普遍安全、共同繁荣、开放包容、清洁美丽的世界。构建人类命运共同体，是反对霸权主义和强权政治、应对世界百年未有之大变局、解决人类共同问题的中国智慧和中国方案，在实践中不断得到国际社会的认同。2017 年 3 月，“构建人类命运共同体”被写入联合国安理会第 2344 号决议。

二、党百年斗争的辉煌成就

百年来,中国共产党带领全体中国人民通过自觉斗争，实现了中国从几千年封建专制政治向人民民主的伟大飞跃；实现了一穷二白、人口众多的东方大国大步迈进社会主义社会的伟大飞跃；实现了人民生活从温饱不足到总体小康，再到建成全面小康的历史性跨越，推进了中华民族从站起来到富起来的伟大飞跃；中华民族迎来了从站起来、富起来到强起来的伟大飞跃。党的百年斗争不仅改变了中国，也影响了世界，更锻造了自身。

1. 从根本上改变了中国人民的前途命运

百年斗争改变了中国人民被欺压奴役的悲惨命运。自 1840 年鸦片战争以来，帝国主义列强先后对中国发动了两次鸦片战争以及中法战争、中日甲午战争和八国联军侵华等一系列侵略战争，同时疯狂进行经济掠夺、政治控制和文化渗透，使中国逐步沦为半殖民地半封建社会，山河破碎，战乱不止，中国人民深受“三座大山”压迫，中华民族处于空前危机之中。1921 年中国共产党成立，带领人民奋起反抗。经过二十八年浴血斗争，党领导人民，在各民主党派和无党派民主人士积极合作下，于1949年10月1日宣告成立中华人民共和国，实现民族独立、人民解放，彻底结束了旧中国半殖民地半封建社会的历史，彻底结束了极少数剥削者统治广大劳动人民的历史。从此，中国人民站起来了，成为国家、社会和自己命运的主人。今天，“中国人民也绝不允许任何外来势力欺负、压迫、奴役我们，谁妄想这样干，必将在14亿多中国人民用血肉筑成的钢铁长城面前碰得头破血流”①。

百年斗争改变了中国人民饥寒交迫的生活窘境。新中国成立后，站起来的中国人民在中国共产党领导下自力更生、发愤图强，解放思想、锐意进取，自信自强、守正创新，取得经济社会发展重大成就，饥寒交迫的窘境一去不复返。从第一个五年计划开始，我国经济稳步

---

① 习近平. 在庆祝中国共产党成立100周年大会上的讲话［N］. 人民日报，2021-07-02（02）.

发展，人民生活水平逐步提高。改革开放以后，党紧紧扭住经济建设这个中心，聚精会神搞建设，一心一意谋发展，带领人民实施了大规模、有计划、有组织的扶贫开发，着力解放和发展社会生产力，着力保障和改善民生，我国综合国力和人民生活水平快速提升。党的十八大以来，中国特色社会主义进入新时代，党统筹国内国际两个大局，在建党一百周年的重要时刻，我国脱贫攻坚战取得了全面胜利。十四亿多人口实现全面小康，中国人均 GDP 突破一万美元大关，无论在繁华都市还是在美丽乡村，全面建成小康社会让无数人的命运发生改变，中国人民对美好生活的向往不断变为现实。

2. 开辟了实现中华民族伟大复兴的正确道路

“近代以后，创造了灿烂文明的中华民族遭遇到文明难以赓续的深重危机，呈现在世界面前的是一派衰败凋零的景象。一百年来，党领导人民不懈奋斗、不断进取，成功开辟了实现中华民族伟大复兴的正确道路。”① 党领导中国人民进行新民主主义革命伟大斗争，为实现中华民族伟大复兴创造根本社会条件；党领导中国人民进行社会主义革命和建设伟大斗争，为实现中华民族伟大复兴奠定根本政治前提和制度基础；党领导中国人民进行改革开放和社会主义现代化建设伟大斗争，为实现中华民族伟大复兴提供充满新的活力的体制保证和快速发展的物质条件；党领导中国人民进行新时代中国特色社会主义伟大斗争，实现中华民族伟大复兴进入了不可逆转的历史进程。百年斗争中，中国在世界上创造了经济快速发展和社会长期稳定两大奇迹。

在中国共产党百年的伟大斗争实践中，在新中国成立以来七十多年的持续探索中，在改

① 中共中央关于党的百年奋斗重大成就和历史经验的决议［M］. 北京：人民出版社，2021：62-63.

革开放四十多年的成功实践中，我们开辟了中国特色社会主义道路，形成了中国特色社会主义理论体系，确立了中国特色社会主义制度，发展了中国特色社会主义文化。党和人民充分认识到，只有社会主义才能救中国，只有中国特色社会主义才能发展中国，只有坚持和发展新时代中国特色社会主义才能复兴中国。这条道路是党和人民共同的正确选择，包含着对历史经验的总结、对前人探索的继承、对时代特征的观察以及对现实问题的回应，势必会指引中国走向更加繁荣昌盛的明天。

3. 展示了马克思主义的强大生命力

马克思主义揭示了人类社会发展规律，是认识世界、改造世界的科学真理。百年来，中国共产党作为无产阶级政党，始终坚持运用马克思主义世界观、方法论理解斗争哲学，始终坚持用马克思主义世界观、方法论指导斗争实践，在实现民族独立、走向民族繁荣的斗争过程中，彰显了马克思主义的强大生命力。中国共产党人以马克思主义的阶级斗争学说为指导，在深刻理解“两个必然”和“两个决不会”的基础上，结合中国实际通过暴力革命取得新民主主义革命的胜利，建立社会主义中国，推动世界社会主义革命实践运动。中国共产党人以马克思主义的社会主义改造理论为指导，实现经济结构的改造，建立社会主义制度，进行社会主义建设。

中国共产党百年斗争史是党和人民不断书写胜利的历史，也是一部马克思主义中国化时代化不断取得成功的历史。百年来，党深知马克思主义不是教条而是方法，在与中国斗争实践的结合中，在与中华优秀传统文化的结合中，形成了毛泽东思想、邓小平理论、“三个代表”重要思想、科学发展观、习近平新时代中国特色社会主义思想，不断实现马克思主义新飞跃，在实现国家富强的过程中不断展现马克思主义的科学性和真理性、人民性和实践性、开放性和时代性。马克思主义的强大生命力在中国共产党百年斗争实践中得到一次又一次的彰显，不断“使马克思主义以崭新形象展现在世界上，使世界范围内社会主义和资本主义两种意识形态、两种社会制度的历史演进及其较量发生了有利于社会主义的重大转变”①。

4. 深刻影响了世界历史进程

“党和人民事业是人类进步事业的重要组成部分。一百年来，党既为中国人民谋幸福、为中华民族谋复兴，也为人类谋进步、为世界谋大同，以自强不息的奋斗深刻改变了世界发展的趋势和格局。”②

---

① 中共中央关于党的百年奋斗重大成就和历史经验的决议[M]. 北京：人民出版社，2021：63-64.

② 同①64.

中国新民主主义革命的胜利和中华人民共和国的成立具有世界意义。它冲破了帝国主义的东方战线，极大地改变了世界的政治格局，鼓舞了全世界被压迫民族和被压迫人民争取解放的斗争，壮大了世界和平民主和社会主义的力量，对世界历史进程产生了深远的影响。中国特色社会主义道路的开辟具有世界意义。党领导人民成功走出中国式现代化道路，创造了人类文明新形态，拓展了发展中国家走向现代化的途径，给世界上那些既希望加快发展又希望保持自身独立性的国家和民族提供了全新选择。党领导人民取得全面建成小康社会的胜利具有世界意义，中国完成了占全球 70% 以上减贫人口的全面脱贫，提前十年实现《联合国 2030 年可持续发展议程》中的减贫目标，大大加快了全球减贫事业进程。它对弘扬全人类共同价值，推动构建人类命运共同体具有世界意义。它为解决人类重大问题，建设持久和平、普遍安全、共同繁荣、开放包容、清洁美丽的世界贡献了中国智慧、中国方案、中国力量，成为推动人类发展进步的重要力量。

5. 锻造了走在时代前列的中国共产党

中国共产党在百年自觉斗争中诞生、成长、壮大，不断走向成熟。从新民主主义时期到社会主义革命建设时期，从改革开放初期到社会主义现代化建设新时期，中国共产党的历史既是一部在自我革命中实现自我超越和自我发展的斗争史，又是一部踏石留痕、抓铁有印的自我淬炼史。百年斗争中，党始终高度重视自身建设，在斗争中不断把自身建设好、建设强，党的建设伟大工程与时俱进，党的创造力、凝聚力、战斗力不断增强，中国共产党在长期英勇斗争中百炼成钢。

1921 年，党成立时只有五十多名党员，还只是一个年幼的党。大革命失败后通过武装斗争纠正了右倾机会主义错误。万里长征在危急关头通过及时转变政治路线和军事路线实现了自我挽救。从延安整风到七大会场“坚持真理、修正错误”的标语，从新中国成立后的“三反”“五反”运动到当前的反腐败斗争，从真理标准问题大讨论到改革开放再到中国特色社会主义进入新时代，中国共产党始终秉持刀刃向内、刮骨疗伤的勇气和敢于自我革命、勇于自我革新的决心，不断在“赶考”路上交出优异答卷。

今天中国共产党已成为拥有九千五百多万名党员、领导着十四亿多人口大国、具有重大全球影响力的世界第一大执政党。百年来，“党坚持性质宗旨，坚持理想信念，坚守初心使命，勇于自我革命，在生死斗争和艰苦奋斗中经受住各种风险考验，付出巨大牺牲，锤炼出鲜明政治品格，形成了以伟大建党精神为源头的精神谱系，保持了党的先进性和纯洁性，党的执政能力和领导水平不断提高”①。党在世界形势深刻变化的历史进程中始终走在时代前列，在应对国内外各种风险和考验的历史进程中始终成为全国人民的主心骨，在坚持和发展中国特色社会主义的历史进程中始终成为坚强领导核心。

三、党百年斗争的宝贵经验

百年来,党领导人民进行伟大斗争，在进取中突破，于挫折中奋起，从总结中提高，积累了敢于斗争、敢于胜利的宝贵经验。这是党和人民事业取得胜利的精神财富，更是我们战胜挑战、克服困难、化解风险、自我革命、接续奋斗的精神力量。在新时代全面建设社会主义现代化强国的新征程上，要做到善于总结斗争

---

① 中共中央关于党的百年奋斗重大成就和历史经验的决议［M］. 北京：人民出版社，2021：64-65.

经验、倍加珍惜斗争经验、长期坚持斗争经验、实践发展斗争经验。

1. 敢于斗争、敢于胜利，必须坚守斗争立场

立场是人们观察、认识和处理问题的立足点，只有弄清楚“为了什么而斗争”，才能实现有价值的斗争追求。唯物史观认为，人民群众是历史的创造者，是物质财富和精神财富的创造者，是社会变革的决定性力量。马克思主义的根本历史使命就是让无产阶级和广大人民群众摆脱被奴役和被压迫的生存境况，成为自由全面发展的人，实现人类解放。中国共产党作为马克思主义指导的无产阶级政党，自成立之日起就把全心全意为人民服务作为自己的宗旨，把为人民谋幸福、为民族谋复兴作为自己的初心和使命。中国共产党的百年奋斗史就是一部坚守人民立场的斗争史，在领导中国人民进行革命、建设和改革的历史进程中，党始终坚持

马克思主义基本原理与中国具体实际相结合，创造性地运用了马克思主义人民观，提出了基于人民立场的观点和思想，为党推进自我革命和社会革命提供了理论指导。

在延安整风运动中，毛泽东同志结合以往斗争经验，鲜明指出，“我们一切工作干部，不论职位高低，都是人民的勤务员，我们所做的一切，都是为人民服务”[①]。1957 年整风运动时，毛泽东同志再次强调艰苦奋斗必须密切联系群众，“共产党就是要奋斗，就是要全心全意为人民服务，不要半心半意或者三分之二的心三分之二的意为人民服务”[②]。南方谈话中，面对“改革开放迈不开步子”的现象，面对姓“资”姓“社”的担忧，邓小平同志提出，衡量一切工作是非得失的判断标准，应该主要看

① 毛泽东．毛泽东文集：第 3 卷［M］．北京：人民出版社，1996：243.

② 毛泽东．毛泽东文集：第 7 卷［M］．北京：人民出版社，1999：285.

“是否有利于发展社会主义社会的生产力、是否有利于增强社会主义国家的综合国力、是否有利于提高人民的生活水平”①。进入二十一世纪后，江泽民同志全面总结党的历史经验，得出一个重要结论，“我们党所以赢得人民的拥护，是因为我们党在革命、建设、改革的各个历史时期，总是代表着中国先进生产力的发展要求，代表着中国先进文化的前进方向，代表着中国最广大人民的根本利益，并通过制定正确的路线方针政策，为实现国家和人民的根本利益而不懈奋斗”②。之后，根据新的实践要求，胡锦涛同志强调，“一切工作都要经得起实践、历史和群众的检验。衡量政绩的最终标准，是人民拥护不拥护、赞成不赞成、高兴不高兴、答应不答

---

① 邓小平. 邓小平文选：第 3 卷［M］. 北京：人民出版社，1993：372.

② 江泽民. 江泽民文选：第 3 卷［M］. 北京：人民出版社，2006：2.

应”[①]。党的十八大以来，习近平总书记继续坚守人民立场进行具有新的特点的伟大斗争，强调“人民立场是中国共产党的根本政治立场，是马克思主义政党区别于其他政党的显著标志”[②]。正是在马克思主义人民观的指导下，党紧紧围绕全心全意为人民服务的根本宗旨推进自我革命与社会革命，将人民立场作为党斗争的根本政治立场。

历史反复证明，什么时候坚守人民立场，党的事业就兴旺发达；什么时候脱离了群众，党的事业就遭受挫折。一切为了人民，这既是中国共产党永续传承的红色基因，也是带领国家和人民从站起来、富起来走向强起来的强大内驱力。人民是斗争的出发点和落脚点，斗争

---

① 中共中央文献研究室．十六大以来重要文献选编：上［M］．北京：中央文献出版社，2005：618-619.

② 习近平．习近平谈治国理政：第 2 卷［M］．北京：外文出版社，2017：40.

的目的就是让全体人民过上好日子。能用众力，则无敌于天下矣；能用众智，则无畏于圣人矣。进行新时代伟大斗争必须始终坚守以人民为中心的斗争立场，坚持斗争为了人民，斗争依靠人民，斗争成果惠及人民。

2. 敢于斗争、敢于胜利，必须明确斗争方向

方向指引前进，有了正确而坚定的方向，才能不在日益复杂的斗争中迷失自我，才能做到“暮色苍茫看劲松，乱云飞渡仍从容”。共产党人的斗争历来是有方向的。百年来，虽然党在不同时期面临的风险挑战不同，肩负的斗争任务也不同，但有一点是始终不变的，即坚持党的领导不动摇，坚持社会主义方向不动摇，朝着国家富强、民族振兴、人民幸福的目标前进。

党的领导权问题是马克思主义建党学说的一个重大问题。从革命时期确立“党指挥枪”

“支部建在连上”的根本原则，到建设时期强调“工、农、商、学、兵、政、党这七个方面，党是领导一切的”，到改革开放后强调“坚持四项基本原则”，再到新时代将“中国共产党领导是中国特色社会主义最本质的特征”载入宪法，百年历程的每一步都彰显着党的领导的强大力量，没有共产党就没有新中国，没有共产党就没有当代中国创造的伟大奇迹。因为有了党的坚强领导和坚决斗争，才凝聚起全体中华儿女不断斗争、不断奋进的磅礴力量；因为有了党的坚强领导和坚决斗争，才汇聚起全体中华儿女探索前行、攻坚克难的精神智慧。党的领导始终是党和人民斗争事业取得胜利的“定海神针”。

中国实行社会主义制度，是中国近现代历史发展得出的必然结论，是中国共产党带领中国人民长期奋斗的必然结果。正是因为党领导人民走上社会主义道路，我们才战胜了各种艰难险阻，取得了新民主主义革命和社会主义革命、建设、改革的伟大胜利，谱写了中华民族自强不息、实现复兴的斗争凯歌。正是因为党开辟了中国特色社会主义，我们才实现了国家富强、民族振兴、人民幸福，中华民族伟大复兴才进入不可逆转的历史进程。年轻一代必须认识到，社会主义制度是个好制度，中国特色社会主义制度是社会主义制度，而不是其他什么制度。只有社会主义才能救中国，只有中国特色社会主义才能发展中国。

百年来，我们依靠党的领导和社会主义制度取得胜利，也必将继续依靠党的领导和新时代中国特色社会主义赢得未来。习近平总书记强调，“新时代伟大斗争的大方向就是坚持中国共产党领导和社会主义制度不动摇。凡是危害中国共产党领导和我国社会主义制度的各种风险挑战，凡是危害我国主权、安全、发展利益的各种风险挑战，凡是危害我国核心利益和重大原则的各种风险挑战，凡是危害我国人民根本利益的各种风险挑战，凡是危害我国实现‘两个一百年’奋斗目标、实现中华民族伟大复兴的各种风险挑战，只要来了，我们就必须进行坚决斗争，而且必须取得斗争胜利”①。

3. 敢于斗争、敢于胜利，必须坚定斗争意志

古语云，有志者事竟成。意志力在成就事业的过程中发挥着重要作用。马克思曾指出："如果斗争只是在有极顺利的成功机会的条件下才着手进行，那末创造世界历史未免就太容易了。"② 回顾中国共产党百年斗争历程，虽然不同历史时期，斗争形式和斗争内容有所不同，但唯有斗争意志恒久不变，一代又一代的中国

---

① 习近平. 发扬斗争精神增强斗争本领 为实现"两个一百年"奋斗目标而顽强奋斗［N］. 人民日报，2019-09-04(01).

② 中共中央马克思恩格斯列宁斯大林著作编译局. 马克思恩格斯全集：第33卷［M］. 北京：人民出版社，1973：210.

共产党人坚定信念、不怕艰险、顽强斗争，越是艰险越向前，冲破了一道又一道阻碍，取得了一个又一个胜利。

白色恐怖下，是宁死不屈的斗争意志，照亮了革命前行的道路，保住了年幼的党。长征路上，是不畏艰险的斗争意志，支撑中央红军血战湘江，突破了国民党军第四道封锁线。抗美援朝保家卫国，是敢于亮剑的斗争意志，鼓舞中国人民志愿军克敌制胜，打出了中国人的威风和志气。改革开放，是敢闯敢试的斗争意志，引领中国破旧立新，找到了适合自己的道路。中国特色社会主义新时代，是砥砺奋进的斗争意志，让中国取得了抗击新冠肺炎疫情的重大战略性成果和脱贫攻坚战的全面胜利。“人生天地间，长路有险夷。”世界上没有哪个政党像我们这样，遭遇过如此之多的艰难险阻，经历过如此之多的生死考验，付出过如此之多的惨烈牺牲。

百年斗争中，我们党锤炼了不畏强敌、不惧风险、敢于斗争、勇于胜利的风骨和品质。一代又一代中国共产党人顽强拼搏、不懈斗争，涌现了一大批视死如归的革命烈士、一大批顽强奋斗的英雄人物、一大批忘我奉献的先进模范，形成了井冈山精神、长征精神、遵义会议精神、延安精神、西柏坡精神、红岩精神、抗美援朝精神、“两弹一星”精神、特区精神、抗洪精神、抗震救灾精神、脱贫攻坚精神等伟大精神，构筑起了中国共产党人的精神谱系，展现出敢于斗争、敢于胜利的强大精神力量。今天，身处实现中华民族伟大复兴战略全局和世界百年未有之大变局，我们面临的各种风险挑战越来越复杂，然而风险挑战不可怕，可怕的是缺乏斗争意志。前进的路上，我们要继承和发扬斗争精神，更加坚定斗争意志，敢于出击，敢战能胜，不断夺取新时代伟大斗争的新胜利。

4. 敢于斗争、敢于胜利，必须讲求斗争方法

斗争是一门艺术，离不开科学方法的指导。纵观百年党史，党在长期革命、建设和改革过程中，能够英勇斗争，不断推进中华民族伟大复兴的历史进程，实现民族独立、国家富强，关键在于能够正确分析各个历史时期的阶段性特征，能有效抓住各个时期的社会主要矛盾，并且能根据形势的变化和要求，讲求斗争艺术，制订科学的斗争策略，采取适当的斗争方法，取得斗争实效。

在大革命失败的经验教训中总结关注国共两党关系、土地革命和武装斗争等问题，提出"枪杆子里面出政权"。在批评党内存在的各种非无产阶级思想时，强调"没有调查，就没有发言权"。在思考中国革命战争的战略问题时，指出中国内战的主要形式是"围剿"和反"围剿"。在抗日战争全面爆发后，提出抗日民族统

一战线的斗争方针，强调“又团结又斗争”的原则，阐述了持久战的一般规律和战略战术方法。解放战争时期，面对国民党反动派的两面手法，我们党采取了“以谈对谈，以打对打”的斗争方针。

改革开放以来，党坚持解放思想的斗争方法，实现了党的指导思想的拨乱反正；坚持实事求是的斗争方法，开创了中国特色社会主义；坚持抓社会主要矛盾的斗争方法，推进了党和国家事业的不断前进；坚持开拓创新的斗争方法，解决了社会主义现代化建设中的一个又一个难题。特别是党的十八大以来，更加注重斗争艺术，在各种斗争中，努力做到坚持增强忧患意识和保持战略定力相统一、坚持战略判断和战术决断相统一、坚持斗争过程和斗争实效相统一。

当前，我们前所未有地接近实现中华民族伟大复兴的目标，也面临着前所未有的矛盾和风险，必须针对新征程上各类重大风险挑战、重大阻力难题进行伟大斗争。党员干部要在认真总结斗争规律的基础上，注重策略方法，讲求斗争艺术，在马克思主义世界观方法论指导下取得新时代伟大斗争新胜利。

第二章

敢于斗争是党赢得未来的必由之路

习近平总书记在2021年春季学期中央党校（国家行政学院）中青年干部培训班开班式上发表重要讲话时强调，“敢于斗争是我们党的鲜明品格。我们党依靠斗争走到今天，也必然要依靠斗争赢得未来”①。习近平总书记的讲话表明，在革故鼎新、朝夕瞬变的当今时代，必须坚持敢于斗争。只有坚持敢于斗争，才能不断推进新时代中国特色社会主义各项事业建设，从而在历史的进程中赢得未来。

① 习近平．立志做党光荣传统和优良作风的忠实传人 在新时代新征程中奋勇争先建功立业［N］．人民日报，2021-03-02（01）．

一、世界百年未有之大变局充满风险挑战

当今世界,和平与发展仍然是时代主题。但与此同时，世界百年未有之大变局加速演化，外部环境严峻复杂，世界不稳定性不确定性更加突出，人类面临许多共同的挑战。要应对世界百年未有之大变局带来的风险挑战，就必须坚持敢于斗争。

1. 经济全球化面临新问题

经济全球化由来已久，其日益加速是二十一世纪世界经济发展的基本趋势。马克思、恩格斯在《共产党宣言》中指出了全球经济的普遍趋势：由于资本主义的向外扩张，各个国家、各个民族“自给自足和闭关自守状态，被各民族的各方面的互相往来和各方面的互相依赖所

代替了”[1]，从而使“一切国家的生产和消费都成为世界性的了”[2]。二十一世纪以来，社会生产力得到极大解放和提高，各国之间的联系日益频繁与紧密，人类世界日益成为彼此依赖的命运共同体，世界经济全球化日益加速。然而，经济全球化是一把“双刃剑”。经济全球化在推动世界资源、技术、资本、商品等广泛流通的同时，也使得全球经济的不稳定性、不平衡性加剧，逆全球化与贸易保护主义盛行，全球供应链、产业链、价值链的安全复杂性上升，全球经济体系在疫情等现实制约下面临多重挑战。

第一，逆全球化与贸易保护主义盛行。

在世界经济全球化日益演进的同时，逆全球化风潮同样愈演愈烈。一方面，逆全球化直接在经济上的表现是全球贸易和投资的不断萎

---

① 中共中央马克思恩格斯列宁斯大林著作编译局. 马克思恩格斯选集：第 1 卷［M］. 北京：人民出版社，1995：276.

② 同①.

缩。联合国贸易和发展会议发布的《2021 年世界投资报告》显示，2020 年，流入发达经济体的 FDI（外国直接投资）同比下降了 58%，流入发展中经济体的 FDI 同比下降了 8%。另一方面，逆全球化在政治上的表现是西方推行“单边主义”“政治孤立主义”等政策，如英国“脱欧”、美国退出跨太平洋伙伴关系协定等系列逆全球化措施。这些逆全球化措施使区域经济一体化进程受到阻碍，进而阻碍了经济全球化的进程。

同时，随着各国经济发展不平衡现象日益加剧，各种贸易保护主义政策频繁出台且持续升级。尤其自 2008 年全球金融危机之后，为了应对经济下行压力，西方发达国家先后出台了一系列贸易保护主义政策，比如美国提高进口关税、设置“反倾销”等非关税壁垒。这些贸易保护主义政策冲击了全球大宗商品市场、打断了全球产业链、扰乱了自由贸易秩序、冲击了国际金融市场，更是对中国进出口贸易形成了阻挠，对我国经济产生相应的负面影响。

第二，全球供应链、产业链、价值链的安全复杂性上升。

2018 年 11 月 17 日，习近平主席在亚太经合组织工商领导人峰会上指出："在各国相互依存日益紧密的今天，全球供应链、产业链、价值链紧密联系，各国都是全球合作链条中的一环，日益形成利益共同体、命运共同体。"①

2008 年国际金融危机后，受保护主义、技术变革、要素成本变化等多重因素影响，全球产业布局加速调整。新冠肺炎疫情在全球范围内的蔓延更使全球供应链和产业链遭受巨大冲击。"新冠肺炎疫情导致全球生产和贸易大幅萎缩，并通过各国之间中间品贸易对全球价值链带来巨大冲击。受疫情影响，企业生产停滞、

① 习近平. 同舟共济创造美好未来：在亚太经合组织工商领导人峰会上的主旨演讲［N］. 人民日报，2018-11-18（02）.

物流不畅，对制药、半导体、汽车制造等全球化程度较高的行业造成较大影响。全球供应链中断对全球经济供给端造成了严重负面影响，与2008年国际金融危机不同，新冠肺炎疫情从供应端和需求端同时影响全球生产和贸易活动，产业链、供应链面临较大挑战。”① 此外，近年频发的局部灾害、地缘政治冲突、经贸摩擦等情况不断威胁着国际供应链、产业链和价值链的安全。

第三，全球经济体系面临多重挑战。

当今国际金融市场面临诸多深层次矛盾。自二十世纪七十年代布雷顿森林体系瓦解、美国经济霸权开始动摇之后，发达资本主义世界开始形成以美国、西欧和日本为主的三足鼎立的格局。然而随着新兴市场的兴起与世界经济

① 学习贯彻习近平新时代中国特色社会主义经济思想 做好“十四五”规划编制和发展改革工作系列丛书编写组. 世界百年未有之大变局初析［DB/OL］.［2022-01-09］. https://e.jd.com/30739133.html.

格局的变化，当今世界货币体系和经济体系的内在矛盾逐步显现。比如全球分配不均、全球发展失衡，部分发展中国家与发达国家差距持续扩大的矛盾日益加剧；全球发展赤字、经济增长动能不足、经济全球化减速等问题日益突出；全球高债务、金融和实体经济背离等风险威胁世界的经济稳定。此外，人类世界的现实问题制约着经济的发展。比如人口增长趋缓和老龄化制约着劳动力供给，特别是新冠肺炎疫情使得交通运输、旅游、销售等服务业损失惨重，给全球经济蒙上了一层阴影。

2. 科技革命与产业革命引发新竞争

二十一世纪以来，科学技术加速进步。新一轮科技革命和产业革命深入推进，呈现“多点突破、交叉汇聚”的态势。当前世界正处在新科技革命和产业革命的交汇点上，科技对经济发展、社会进步、全球治理等方面产生了重大而深远的影响。

第一，颠覆传统商业模式。

新科技革命和产业革命在引领未来的同时充满着不确定性。对于这一时代契机，抓住了就是机遇，抓不住就是挑战。新科技革命和产业革命颠覆了现有很多产业的形态、分工和组织方式，创造出大量新产业、新业态、新生产方式和新商业模式，对就业、劳动者技能等方面提出了新要求。因此，大国间围绕高科技领域的博弈日趋白热化，世界各国纷纷出台竞争性扶持政策以抢占科技制高点。

第二，引发世界格局深刻调整。

人工智能、大数据、量子信息、生物技术等技术革命及其所催生的大量新产业、新业态、新模式，给全球发展和人类生产生活带来翻天覆地的变化，对人们的价值理念等各方面产生全方位的深刻影响，对各国竞争和国际地位产生新影响，使世界政治经济格局出现新调整。

发达国家具有新科技革命和产业革命的先发优势，而以中国和印度等为代表的新兴市场国家，在新科技运用方面具有规模优势，产业转型升级和科技创新能力不断提高，由此将带来全球经济格局新变化。

第三，重塑国家竞争力。

新科技革命和产业革命将重新塑造国家竞争力。发达国家提前谋求科技战略规划、国际贸易规则制定、新基础设施建设等；新兴市场国家和发展中国家则努力把握机遇，致力于实现“弯道超车”，缩小与发达经济体之间的差距。

各国纷纷出台竞争性扶持政策，将科技产业竞争上升为国家战略，围绕高科技领域的博弈日趋白热化。一些大国通过制定或引入新的国际规则，限制新兴大国在高技术领域的发展，使新兴大国被迫处于全球价值链的低端位势；同时，通过引用国内法律无端实施“长臂管辖”，对新兴大国进行所谓“强制技术转让”制裁，阻止新兴大国的技术赶超。

3. 世界政治多极化面临新挑战

二十世纪以来，人类社会经历了凡尔赛-华盛顿体系、雅尔塔体系、多极化格局趋势的演变。

第一，地缘政治热点此起彼伏。

2018 年 7 月 25 日，习近平主席在金砖国家工商论坛上指出：“地缘政治热点此起彼伏，恐怖主义、武装冲突的阴霾挥之不去。”① 比如，2021 年以来，巴以冲突、乌克兰顿巴斯地区矛盾冲突都再度升级，战火仍在世界各地蔓延。

第二，单边主义与霸权主义愈演愈烈。

美国为了在世界寻求长期霸权地位，对外长期实行单边主义政策。美国单边主义政策对

---

① 习近平. 顺应时代潮流 实现共同发展：在金砖国家工商论坛上的讲话［N］. 人民日报，2018-07-26（02）.

国际政治、经济秩序、国际安全和各国人民福祉产生了重大影响。

在美国优先理念指引下，美国将自身利益是否最大化作为衡量其得失的主要标准。近年来，美国先后发起对多国的关税战和在美投资限制，干扰国际货币基金组织等世界经济组织的运行，退出中导条约、强化军事优势。美国的系列举措严重损害了世界的经济秩序、政治秩序与和平稳定。因此，国际上维护多边主义、反对单边主义的呼声不断涌现。

第三，空间博弈不断深化。

当今人类活动不断向太空、深海和极地等空间拓展。各国高度重视这些空间在运输、军事、资源等方面的战略价值，围绕太空领域的延伸与拓展、国际海底区域矿产资源开采规则、南极治理与北极地区国家领土领海主权等开展斗争较量，展开激烈博弈。

4. 全球治理秩序遭遇新危机

在国际问题与国内问题联动性不断加大的今天，“世界主要国家之间的力量对比正在深刻调整，利益分歧和冲突集中凸显，国际政治经济形势复杂多变，国际秩序稳定的根基面临各种挑战”①。

第一，非传统安全问题日趋突出。

习近平总书记指出：“当前我国国家安全内涵和外延比历史上任何时候都要丰富，时空领域比历史上任何时候都要宽广，内外因素比历史上任何时候都要复杂。”② 其中，非传统安全问题给世界带来新的不确定性和不稳定性，是世界大变局加速演化的重要表现。

非传统安全问题体现在各个领域，并与传

---

① 徐秀军. 国际秩序：变革呼唤加强全球治理［J］. 世界知识，2018（14）：34-35.

② 习近平. 坚持总体国家安全观 走中国特色国家安全道路［N］. 人民日报，2014-04-16（01）.

统安全问题相互催化、彼此交织、相互转化。“近年来，全球发展失衡问题日趋突出，各类要素和主体流动融合加速，信息技术以低成本方式向各个领域持续渗透，专项领域全球治理机制尚不完善，恐怖袭击、网络犯罪、重大传染性疾病、气候变化等非传统安全问题更为突出，对人类社会发展的负面影响不断强化。”①

第二，文化多样性面临威胁。

当今时代，世界文明的交流互鉴日益增多而深入，有力地促进了文化多样化发展，有力地促进了文化融合与新文化的生成。中国与不同文明交流对话、互鉴日益频繁、不断深入，不断拓展文化空间和文化视野，不断促进文明交流互鉴在更大空间、更高层次上展开。

同时，文化多样性面临严重威胁。全球化的

---

① 学习贯彻习近平新时代中国特色社会主义经济思想 做好“十四五”规划编制和发展改革工作系列丛书编写组．世界百年未有之大变局初析［DB/OL］．［2022-01-09］．https://e.jd.com/30739133.html.

进程使各文化系统之间的多样差异与紧张态势更加凸显。特别是在各国的文化交往中，强势文化对弱势文化造成“文化霸权”与“文化殖民”，由此而引发冲突与纷争。

第三，全球自然灾害频发。

近几十年来，全球极端天气事件频发，全球气候变化对人类影响日趋显著。比如在 2021 年 12 月举行的美国地球物理学会（AGU）2021 年度会议上，科学家预测，按照现有融化趋势，南极冰川将在未来五年全面坍塌。此外，全球范围的地震、火山喷发等自然灾害频发，危害着人类的安全。

二、中华民族伟大复兴之路不会轻轻松松

“我国已转向高质量发展阶段，制度优势显著，治理效能提升，经济长期向好，物质基础

雄厚，人力资源丰富，市场空间广阔，发展韧性强劲，社会大局稳定，继续发展具有多方面优势和条件，同时我国发展不平衡不充分问题仍然突出，重点领域关键环节改革任务仍然艰巨，创新能力不适应高质量发展要求，农业基础还不稳固，城乡区域发展和收入分配差距较大，生态环保任重道远，民生保障存在短板，社会治理还有弱项。”① 因此，要深刻认识我国社会主要矛盾变化带来的新特征新要求，深刻认识错综复杂的国际环境带来的新矛盾新挑战，就需要发扬斗争精神，从而推动中华民族伟大复兴事业不断前进。

1. 经济发展不平衡不充分

随着改革开放的深入推进和现代化建设步

---

① 中共中央关于制定国民经济和社会发展第十四个五年规划和二〇三五年远景目标的建议［M］. 北京：人民出版社，2020：3-4.

代的加快，我国的改革发展取得了举世瞩目的成就。新时代，我国社会主要矛盾已经转化为人民日益增长的美好生活需要和不平衡不充分的发展之间的矛盾。发展不平衡不充分体现在多方面，其中最根本的是经济发展的不平衡不充分。

第一，经济发展不平衡。

城乡发展不平衡。发展不平衡首先体现在城乡发展不平衡，发展不充分首先体现在乡村发展不充分。自 2004 年中央为解决“三农”问题连年下发中央一号文件以来，农民生活水平得到了很大提高，农村经济得到了很大发展，城乡经济统筹协调发展。全国脱贫攻坚战使得现行标准下近一亿农村贫困人口全部脱贫，为全面建成小康社会打下基础。但是，在构建新型城乡关系、推进城乡融合发展等方面还存在着很多问题，比如城乡居民收入差距仍然较大、城乡基础设施建设发展不平衡、城乡公共服务水平不平衡、城乡二元结构弊端以及户籍和土地制度有待完善等。

区域发展不平衡。受地理位置和交通运输等因素影响，我国东部地区与中西部地区发展不平衡的问题突出，欠发达地区与发达地区在经济总量指标和人均指标上均存在差距，西南、中部南方省区、东部沿海地区的经济增速与经济总量普遍好于西北、中部北方省区以及东北地区。发达地区资源集中，人口密度大，地区负担重；欠发达地区人力、技术、资金等条件有限，导致经济长期增长缓慢。

经济结构不平衡。经济结构不平衡是我国经济高速发展中长期存在的“老大难”问题。党的十八大提出，推进经济结构战略性调整是加快转变经济发展方式的主攻方向。通过一系列的结构调整，我国产业结构、投资消费结构和收入分配结构等得到一定的优化和完善，但是仍然存在着需求结构不平衡、产业结构不平衡、市场竞争结构不平衡、经济增长结构不平衡、分配结构不平衡等问题。比如我国收入分配差距仍然较大，低收入群体长期存在，以及面临跨越“中等收入陷阱”等问题。

第二，经济发展不充分。

经济激活不充分。习近平总书记指出：“推进改革的目的是要不断推进我国社会主义制度自我完善和发展，赋予社会主义新的生机活力。”[①] 改革开放四十多年来，中国经济取得了令世人瞩目的成就。但社会主义市场经济体制在建立与发展的过程中，劳动力、土地、技术等生产要素发展不充分，还需要进一步营造公平竞争的市场环境，进一步完善产权制度，进一步推进国有企业改革，不断激发市场活力。

创新转化不充分。科学技术是第一生产力，创新是引领发展的第一动力。当前，“我国基础

---

① 中共中央文献研究室. 习近平关于全面深化改革论述摘编［M］. 北京：中央文献出版社，2014：18.

科学研究短板依然突出，企业对基础研究重视不够，重大原创性成果缺乏，底层基础技术、基础工艺能力不足，工业母机、高端芯片、基础软硬件、开发平台、基本算法、基础元器件、基础材料等瓶颈仍然突出，关键核心技术受制于人的局面没有得到根本性改变。我国技术研发聚焦产业发展瓶颈和需求不够，以全球视野谋划科技开放合作还不够，科技成果转化能力不强”①。

有效供给不充分。目前，有效供给不充分的问题仍然突出，这是制约我国经济发展的一项重要因素。有效供给不充分产生的根源包括体制、结构、观念等多方面的因素，例如中国市场经济体制中的陈旧因素、企业的生产水平和生产能力不够、企业自主创新能力薄弱等。

---

① 习近平. 在中国科学院第十九次院士大会、中国工程院第十四次院士大会上的讲话［M］. 北京：人民出版社，2018：7-8.

2. 民生领域存在短板

正如习近平总书记所指出："保障和改善民生是一项长期工作，没有终点站，只有连续不断的新起点。"[①] 当前我国民生领域还有很多问题需要解决，民生建设仍需不断完善。

第一，城乡民生发展存在差距。

改革开放以来，中国特色社会主义围绕经济建设为中心，推动社会各领域全面发展。在经济发展取得瞩目成就的同时，民生问题也得到了很大的改善。然而，城乡民生发展存在着较大差距，就业、医疗、养老等公共领域存在供给不足的问题，尤其是乡镇基层的基础设施建设仍然有限。

第二，民生保障水平有待改善。

党的十九届四中全会提出，"坚持和完善统

---

① 中共中央宣传部. 习近平总书记系列重要讲话读本［M］. 北京：学习出版社，2014：113.

筹城乡的民生保障制度，满足人民日益增长的美好生活需要”。中国特色社会主义进入新时代，中国社会的主要矛盾已经转化为人民日益增长的美好生活需要和不平衡不充分的发展之间的矛盾，满足人民的民生要求，就需要提升民生保障水平，完善民生保障制度。当前，民生保障制度还存在不少突出问题，比如“社会力量参与民生保障的体制机制不健全”“民生事业单位管理体制不完善”“社会保障可持续发展机制有欠缺”“基本公共服务均等化配置不到位”“民生保障制度碎片化问题突出”① 等问题都亟待解决。

第三，民生领域新老问题有待解决。

当前，民生领域仍有很多老问题需要解决，同时又出现了很多新问题。需要不断解决在教育、就业、医疗、社保等主要领域人民群众普

---

① 胡杰成. 我国民生保障制度存在的问题与改革措施［J］. 中国经贸导刊，2019（25）：60-63.

遍关心的突出问题，比如，需解决义务教育优质资源不足、基层医疗服务水平不高、农村养老保险保障水平偏低、食品安全等问题。同时，生态环境问题是当前民生领域需要解决的重要方面。为此，习近平总书记在2018年全国生态环境保护大会上强调："要把解决突出生态环境问题作为民生优先领域。"①

3. 社会治理还有弱项

社会治理是社会建设的一项重大任务，也是国家治理的重要组成部分。补足社会治理的弱项是一项长期工作。

第一，社会治理体系不够完善。

党的十九届五中全会审议通过的《中共中央关于制定国民经济和社会发展第十四个五年规划和二〇三五年远景目标的建议》提出，"完

---

① 习近平. 坚决打好污染防治攻坚战 推动生态文明建设迈上新台阶［N］. 人民日报，2018-05-20（01）.

善社会治理体系，健全党组织领导的自治、法治、德治相结合的城乡基层治理体系，完善基层民主协商制度，实现政府治理同社会调节、居民自治良性互动，建设人人有责、人人尽责、人人享有的社会治理共同体”①。这为加强和创新社会治理指明了方向。

第二，社会治理信息化水平有待提升。

互联网已经广泛而深刻地改变了人们的生活，人民群众越来越多地通过互联网平台获取新闻信息、表达利益诉求，使得网络成为社会治理的重要途径和重要空间。由此，社会治理模式也逐渐由“线下”治理进一步拓展到“线上”治理。因此，适应网络媒体时代的治理模式，最大限度地了解人民群众的所思所想所求，并且提升网络空间的治理水平，就需要进一步

---

① 中共中央关于制定国民经济和社会发展第十四个五年规划和二〇三五年远景目标的建议［M］. 北京：人民出版社，2020：35-36.

提升社会治理的信息化水平。

第三，基层社会治理成效需要提高。

当前，我国逐渐步入社会转型期。在这一背景下，社会涌现出不同的利益诉求，各种社会矛盾积聚易发，各种影响社会安全的不稳定因素交织叠加。这些矛盾更加尖锐地体现在基层治理之中。具体表现为：基层群众对于社会治理的认识比较陈旧，认为“治理就是管理”；基层治理的制度执行不够到位，网格化管理的精准度不高；基层干部的人员配备以及人员能力素质参差不齐等。

4. 生态环保任重道远

党的十八大以来，污染防治力度加大，生态环境明显改善，但是生态环保仍然任重道远。

第一，绿色发展还不成熟。

近几十年，中国在经济高速发展的同时，也积累了一系列的环境问题。如资源难以承载经济发展的需要，“先污染后治理”的错误理念以及粗放式发展模式对环境造成的不可逆转的破坏等。为了应对粗放式的经济增长模式对空气、水和土壤造成的污染，中国积极倡导绿色发展理念。目前，我国的绿色发展还处于起步阶段，技术手段等尚不够成熟。因此，绿色发展还有很长的路要走。

第二，突出环境问题亟待解决。

改革开放以来，“快速发展中累积的资源环境约束日益趋紧，结构型、复合型环境污染依然突出，污染源点多面广、污染物排放量大、环境监管难的现状没有变，攻坚战、持久战并存的局面没有变，环保工作的社会关注度更高、群众期盼更高、标准更高，环境质量状况与群众期盼还有较大差距”①。

党的十八大以来，我国环境治理的力度明

① 潘晓文. 当前资源环境存在的问题及建议：以高密市为例［J］. 环境与发展，2020（08）：214.

显加大，绿色发展理念深入人心。在党中央和政府的大力推进下，环境状况得到了很大改善，但上述环境问题仍然有待于进一步解决。

第三，生态环保力度还需加大。

应对世界气候变化等生态问题、维护生态安全，是世界各国需要共同面对的问题。对于中国而言，加大生态环保力度是实现绿色发展、可持续发展、人与自然协调发展的必然要求。

当前，我国加快推进生态文明建设具有极端重要性和现实紧迫性。生态环保工作需要加大力度的方面有很多。比如需要进一步大力实施重要生态系统保护和修复重大工程，开展国土绿化行动，推进荒漠化、石漠化、水土流失综合治理，湿地保护和恢复，地质灾害防治，退耕还林还草等。

第四，环境监管体制仍需完善。

近年来，我国环境保护和环境监管体制建设得到了很大的推进，但环境监管体制仍然面临着监管职能分散、上下级环境保护监督乏力、环境保护系统工作统筹不足等现实问题。因此，仍需要进一步完善环境监管体制。比如需要进一步加强对生态文明建设的总体设计和组织领导，进一步完善生态环境管理制度，进一步明确环境保护的责任与执法职责，进一步完善国土空间开发保护制度与主体功能区配套政策，进一步完善自然保护地体系的建设并坚决制止和惩处破坏生态环境的行为等。

三、全面从严治党永远在路上

“勇于自我革命，是我们党最鲜明的品格，也是我们党最大的优势。”[①] 党的十九大报告指出，全面从严治党永远在路上。中国共产党的

---

① 习近平. 以解决突出问题为突破口和主抓手推动党的十八届六中全会精神落到实处［N］. 人民日报，2017-02-14（01）.

执政地位是历史的选择、人民的选择，从严治党关乎人心向背、关乎中国共产党的前途命运。当前，“我们党面临的执政环境是复杂的，影响党的先进性、弱化党的纯洁性的因素也是复杂的，党内存在的思想不纯、组织不纯、作风不纯等突出问题尚未得到根本解决”①。因此，始终坚持全面从严治党不能有丝毫松懈。

1. 政治风险不可掉以轻心

旗帜鲜明讲政治是我们党作为马克思主义政党的根本要求。习近平总书记在 2018 年 6 月 29 日中共中央政治局第六次集体学习时指出：“党的政治建设是一个永恒课题。要把准政治方向，坚持党的政治领导，夯实政治根基，涵养政治生态，防范政治风险，永葆政治本色，提

---

① 习近平. 决胜全面建成小康社会 夺取新时代中国特色社会主义伟大胜利：在中国共产党第十九次全国代表大会上的报告［M］. 北京：人民出版社，2017：61.

高政治能力，为我们党不断发展壮大、从胜利走向胜利提供重要保证。”①

第一，存在政治安全的风险。

政治安全是国家安全的根本，攸关党和国家的安危。二十世纪八十年代末九十年代初，世界上很多长期执政的老牌政党和大党纷纷陷入困境、处境艰难，对于世界社会主义而言，尤其灾难重重，东欧剧变和苏联解体使国际共产主义运动遭受了巨大挫折。

我国政治领域面临的风险是长期的、复杂的、严峻的。对此，习近平总书记强调，“面对波谲云诡的国际形势、复杂敏感的周边环境、艰巨繁重的改革发展稳定任务，我们必须始终保持高度警惕，既要高度警惕‘黑天鹅’事件，也要防范‘灰犀牛’事件；既要有防范风险的

---

① 习近平. 把党的政治建设作为党的根本性建设 为党不断从胜利走向胜利提供重要保证［N］. 人民日报，2018-07-01（01）.

先手，也要有应对和化解风险挑战的高招；既要打好防范和抵御风险的有准备之战，也要打好化险为夷、转危为机的战略主动战”①。

第二，面临长期执政的考验。

新中国成立以来，中国共产党确立全面执政地位已有七十余年。展望未来，中国共产党还将继续长期执政。长期执政是中国共产党的历史责任，也给中国共产党带来了系列考验。对于党自身而言，长期执政的考验包括克服精神懈怠危险、能力不足危险、脱离群众危险、消极腐败危险等。回顾历史，中国共产党之所以能够长期得到人民群众的坚决拥护，就在于中国共产党始终坚持实现好、维护好最广大人民群众的根本利益，始终坚持党要管党、全面从严治党，从而使中国共产党能够在时代的历史潮头上始终发挥引领作用，担当起为中国人

① 习近平. 提高防控能力着力防范化解重大风险 保持经济持续健康发展社会大局稳定［N］. 人民日报，2019-01-22（01）.

民谋幸福、为中华民族谋复兴的历史使命。

第三，“四个意识”不牢的危险。

《关于新形势下党内政治生活的若干准则》指出：“全党必须牢固树立政治意识、大局意识、核心意识、看齐意识。”[①] 要求全党同志要在政治立场、政治原则、政治方向、政治道路上同党中央保持高度一致，善于从全局高度、用长远眼光分析问题，坚决维护习近平总书记党中央的核心、全党的核心地位，坚决维护党中央权威和集中统一领导。

然而，当前党内部分领导干部存在着政治意识不牢、大局意识不强、核心意识不明、看齐意识不足的现象。对此需要坚守“四个意识”，不断弘扬忠诚老实、公道正派、实事求是、清正廉洁的价值观。

① 关于新形势下党内政治生活的若干准则［M］. 北京：人民出版社，2016：13.

2. 思想滑坡损害党的灵魂

革命理想高于天。共产主义远大理想和中国特色社会主义共同理想，是中国共产党人的精神支柱和政治灵魂，也是保持党的团结统一的思想基础。思想问题不解决，就会损害党的精神灵魂。

第一，理想信念缺失危害党内生态。

注重思想建党，是中国共产党把马克思列宁主义建党学说与中国革命、建设和改革实践相结合的伟大创造。

在当前党的队伍中，存在着一些党员干部信仰缺失、党性弱化、宗旨意识淡薄、原则性不强的现象；存在着一些地方和单位“四风”积弊严重，政治生态受到污染的现象。同时，随着全球化的发展，当前中国社会价值多元化、利益诉求多样化以及面对来自西方意识形态的攻击，党内理想信念缺失、思想涣散的问题面临更加复杂的情况。面对这些影响党内生态的严重问题，必须牢牢坚持马克思主义在意识形态领域的主导地位，坚持用马克思主义武装全党的头脑，凝心聚魂，不断巩固理想信念。

第二，宗旨意识淡薄造成精神“缺钙”。

理想信念不坚定，精神上就会“缺钙”，就会得“软骨病”。得了“软骨病”就会出现个人主义、分散主义、自由主义、本位主义、好人主义等作风，宗派主义、圈子文化、码头文化等现象，两面派、做“两面人”等做法。回顾历史，自建党之日起，中国共产党就把“为中国人民谋幸福，为中华民族谋复兴”作为初心使命；中国共产党人就把实现好、维护好人民群众的根本利益作为自己的职责所在。因此，中国共产党党员无论入党多久、官职多大，都不能忘记自身的初心使命。然而，当今时代，一些党员干部将党和人民的嘱托抛在脑后，忘记了“全心全意为人民服务”的根本宗旨，从而在精神上严重“缺钙”。

第三，背离人民立场导致腐化堕落。

人民立场是中国共产党的根本立场，群众观点是共产党员必须始终铭记在心的观点。背离人民立场，就会导致疏离群众、把为人民服务视作麻烦事，从而使自身脱离人民群众。脱离人民群众，不为人民群众排忧解难，共产党人的初心和使命就成了一句没有内容的口号，从而出现吃拿卡要、奢靡堕落等损害人民群众利益的事情，使自身不断走向腐化堕落的深渊。

3. 组织建设还需防微杜渐

习近平总书记指出，组织建设是党的建设的重要基础。组织是“形”，思想是“魂”。加强党的组织建设，既要“造形”，又要“铸魂”。只有党的各级组织都健全、都过硬，形成上下贯通、执行有力的严密组织体系，党的领导才能“如身使臂，如臂使指”。

第一，存在党的组织建设虚弱化的现象。

2019年6月24日，习近平总书记在十九届中央政治局第十五次集体学习时的讲话中指出：“在党的组织建设方面，要健全党的组织体系，整顿软弱涣散党组织，不断增强各级党组织的创造力、凝聚力、战斗力。”

党的组织建设虚弱化，尤其体现在党的基层组织建设上。比如存在党员发展政治关把握不严、党员日常教育和管理遵守不严格、从严教育管理党员落实不到位、党员充分发挥先锋模范作用不彻底等现象。这些都是党的组织建设中存在的突出矛盾和薄弱环节。

第二，存在党的工作落实不到位的问题。

党的工作落实不到位体现为重业务轻党建、党建意识不强、落实党建责任制不到位；存在等靠思想，对政策精神缺乏深入思考，敷衍消极、得过且过、不结合实际情况办事；只求过得去、不求过得硬，不作为、乱作为、慢作为；

还有的能力不足、担当不够、办法不多，导致党建工作难以有效开展。

第三，存在党的队伍建设不牢固的情况。

2018 年 6 月，习近平总书记在中共中央政治局第六次集体学习时强调，“党的政治建设落实到干部队伍建设上就要不断提高各级领导干部特别是高级干部把握方向、把握大势、把握全局的能力，辨别政治是非、保持政治定力、驾驭政治局面、防范政治风险的能力，善于从政治上分析问题、解决问题”①。党的干部是党和国家事业的中坚力量，要建设高素质专业化干部队伍，必须加强党的政治建设，提高党员干部的政治能力。

① 习近平. 把党的政治建设作为党的根本性建设 为党不断从胜利走向胜利提供重要保证 [N]. 人民日报，2018-07-01 (01).

4. 党的作风关乎生死存亡

习近平总书记指出："党的作风就是党的形象，关系人心向背，关系党的生死存亡……我们党作为一个在中国长期执政的马克思主义政党，对作风问题任何时候都不能掉以轻心。"①

第一，"四风"危害不可小视。

思想是行为的引导，有什么样的思想就会有什么样的行为。形式主义的主要表现是知行不一、不求实效，文山会海、花拳绣腿，贪图虚名、弄虚作假。官僚主义的主要表现是脱离实际、脱离群众，高高在上、漠视现实，唯我独尊、自我膨胀。享乐主义的主要表现是精神懈怠、不思进取，追名逐利、贪图享乐，讲究排场、玩风盛行。奢靡之风的主要表现是铺张

---

① 中共中央纪律检查委员会，中共中央文献研究室．习近平关于党风廉政建设和反腐败斗争论述摘编［M］．北京：中央文献出版社，2015：8.

浪费、挥霍无度，大兴土木、节庆泛滥，生活奢华、骄奢淫逸，甚至以权谋私、腐化堕落。“四风”做派严重违背中国共产党人的党性原则和全心全意为人民服务的根本宗旨，对党的肌体以及党同人民群众的血肉联系造成了极大危害。

第二，党的作风关乎民心向背。

“民心是最大的政治”，人民是中国共产党的血脉和根基，密切联系群众是中国共产党执政最大的政治优势。党的作风是党的形象，关乎民心向背、关乎党的根基。党的作风正，民心就顺，党就与人民同心同德；党内作风不正，就会失去人民群众的拥护。改革开放以后至党的十八大前，尽管党中央始终高度重视加强党的建设，但管党治党中的“宽松软”问题还是不同程度地存在着。有的不正之风暂时得到整治，但不久又重新回潮反弹，有的小病未治好，日久成为大患，尤其是腐败现象较为严重，严重损害了党的形象。党的十八大以来，以习近平同志为核心的党中央大力推进全面从严治党，集中整饬党风，推进党的作风建设进入新阶段，以赢得党心民心的卓著成效，谱写了党的作风建设新的实践篇章。

第三，作风建设需有长效保障。

政贵有恒，治须有常。党的作风建设是一场持久战，而不能是疲劳战，不能仅仅抓一时就松懈、抓一阵就放下来。“四风”问题具有顽固性，“四风”积弊不能一时就得到彻底清除，因此容不得我们有任何“喘口气、歇歇脚”的念头。只有使作风建设长效化，才能做到踏石留印、抓铁有痕。在实现作风建设长效化的各项举措中，制度管全局、管根本、管长远。因此，加强制度建设是长效推进作风建设的重要保障，作风建设的常态化、长效化需要有效的制度规约。

5. 不守纪律滋生腐败问题

“加强纪律建设是全面从严治党的治本之策。我们党是用革命理想和铁的纪律组织起来的马克思主义政党，组织严密、纪律严明是党的优良传统和政治优势，也是我们的力量所在。”① 如果没有严明的政治纪律，党组织和党员各行其是，我们党就会整体涣散、分崩离析。

第一，“四大考验”“四大危险”长期存在。

新形势下，党面临的执政考验、改革开放考验、市场经济考验、外部环境考验是长期的、复杂的、严峻的。精神懈怠危险、能力不足危险、脱离群众危险、消极腐败危险更加尖锐地摆在全党面前。不断提高党的领导水平和执政水平、提高拒腐防变和抵御风险能力，是党巩

① 中共中央文献研究室. 习近平关于全面从严治党论述摘编［M］. 北京：中央文献出版社，2016：111.

固执政地位、实现执政使命必须解决好的重大课题。

第二，规矩意识产生松懈。

党的十八大以来，党中央多次强调，党员、干部特别是领导干部要严守政治纪律和政治规矩。习近平总书记对此指出："各级领导干部尤其要弄明白法律规定我们怎么用权，什么事能干、什么事不能干，心中高悬法律的明镜，手中紧握法律的戒尺，知晓为官做事的尺度。"①

然而必须看到，规矩意识松懈的现象时有发生。比如有的党组织对树立规矩的重要性与违反规矩的危害性认识不清，以为没有贪腐和严重违纪的情况就可以随意懈怠。有的领导干部在思想上没有绷紧规矩意识、纪律意识的弦，导致任人唯亲、滥用权力，甚至为一己私利不惜违背党纪国法。

---

① 习近平．习近平谈治国理政：第 2 卷［M］．北京：外文出版社，2017：127.

第三，违纪违规时有发生。

党的十八大以后，党中央先后出台了一系列狠抓作风的政策措施。尤其是《十八届中央政治局关于改进工作作风密切联系群众的八项规定》出台以来，通过一系列“拍蝇打虎”的整顿措施，党内风气和纪律建设取得明显成效，但违反规定的情况仍然时有发生。比如有的党员干部认为“上有政策、下有对策”，因此一意孤行；有的存在侥幸心理、观望心态，认为能够躲避开纪律审查；还有的甚至胆大妄为，顶风违纪。

6. 制度建设还需不断完善

没有健全的制度，权力没有被关进制度的笼子里，腐败现象就控制不住。不断加强党内制度建设，是中国共产党自我净化的必然要求。

第一，存在制度制定不够完善的情况。

当前党内思想建设出现一些弊端的原因之

一就是在制度制定方面还不完善，为一些错误思想的产生提供了可乘之机。从制度制定的现有情况来看，在建立以党章为核心的各类党内法规及规章制度体系方面还可以细分深化，在规范党员干部的工作程序和行为准则等方面还可以加以完善，从而为广大党员干部坚定理想信念提供积极有益的制度保障，进而营造风清气正的政治氛围。

第二，存在制度执行不够严格的现象。

“天下之事，不难于立法，而难于法之必行。”有制度不执行，建章立制就会沦为形式主义。2019 年 7 月 9 日，习近平总书记在中央和国家机关党的建设工作会议上的讲话中指出：处理好建章立制和落地见效的关系，制度制定很重要，制度执行更重要，要带头学习、遵守、执行党章党规，从基本制度严起、从日常规范抓起。当前党内依然存在有规不依、落实不力等问题，存在有令不行、有禁不止、随意变通、恶意规避等严重破坏制度的现象。

第三，存在制度监督不够到位的问题。

制度的生命在于执行，执行离不开责任担当和监督。党的十九大报告指出："要加强对权力运行的制约和监督，让人民监督权力，让权力在阳光下运行，把权力关进制度的笼子。强化自上而下的组织监督，改进自下而上的民主监督，发挥同级相互监督作用，加强对党员领导干部的日常管理监督。"①

"上级监督太远，同级监督太软，下级监督太难"，如何以刚性制度管住权力，进行各级组织间的有效监督是全党面临的重大理论和实践问题。

---

① 习近平. 决胜全面建成小康社会 夺取新时代中国特色社会主义伟大胜利：在中国共产党第十九次全国代表大会上的报告［M］. 北京：人民出版社，2017：67.

第四章

新时代具有许多新的历史特点的伟大斗争

在庆祝中国共产党成立100周年大会上的讲话中，习近平总书记强调："以史为鉴、开创未来，必须进行具有许多新的历史特点的伟大斗争。敢于斗争、敢于胜利，是中国共产党不可战胜的强大精神力量。实现伟大梦想就要顽强拼搏、不懈奋斗。"① 深刻认识和把握伟大斗争的科学内涵、基本任务和时代特点，是取得伟大斗争预期成效的必然要求。

① 习近平. 在庆祝中国共产党成立100周年大会上的讲话[M]. 北京：人民出版社，2021：17.

一、理解伟大斗争的科学内涵

在中国共产党的历史上，毛泽东同志在1962年召开的扩大的中央工作会议上首次使用了“伟大的斗争”这一概念，他说：“从现在起，五十年内外到一百年内外，是世界上社会制度彻底变化的伟大时代，是一个翻天覆地的时代，是过去任何一个历史时代都不能比拟的。处在这样一个时代，我们必须准备进行同过去时代的斗争形式有着许多不同特点的伟大的斗争。”[①] 党的十八大报告正式提出了“发展中国特色社会主义是一项长期的艰巨的历史任务，

---

① 中共中央文献研究室．毛泽东文集：第8卷［M］．北京：人民出版社，1999：302．

必须准备进行具有许多新的历史特点的伟大斗争”① 的重要论断。此后，习近平总书记又多次在重要会议和重大场合对“伟大斗争”的重要性作了一系列科学论述，将伟大斗争与伟大工程、伟大事业、伟大梦想并提，使之成为治国理政不可或缺的基本方式。在党的十九大报告中，习近平总书记再次向全党和全国人民发出要进行新时代伟大斗争的号召，明确提出：“实现伟大梦想，必须进行伟大斗争。”② 由于学科、话语体系、认知层面等的不同，人们对伟大斗争内涵的解读也会随之不同。认识是为了改造世界，认识对实践具有能动的反作用。人们对伟大斗争内涵的不同理解，决定了开展

---

① 胡锦涛. 坚定不移沿着中国特色社会主义道路前进 为全面建成小康社会而奋斗：在中国共产党第十八次全国代表大会上的报告［M］. 人民出版社，2012：13.

② 习近平. 决胜全面建成小康社会 夺取新时代中国特色社会主义伟大胜利：在中国共产党第十九次全国代表大会上的报告［M］. 北京：人民出版社，2017：15.

斗争的不同实践方式及其不同的斗争成效。因此，需要准确理解新时代伟大斗争的科学内涵。

1. 新时代的伟大斗争是实现中华民族伟大复兴的实践活动

习近平总书记在“不忘初心、牢记使命”主题教育总结大会上指出：“我们讲的斗争，不是为了斗争而斗争，也不是为了一己私利而斗争，而是为了实现人民对美好生活的向往、实现中华民族伟大复兴知重负重、苦干实干、攻坚克难。”① 习近平总书记的这段话，包含了以下两个层面的含义：

首先，新时代的伟大斗争是为了践行初心使命的砥砺奋斗。革命战争时期，以帝国主义与中华民族的矛盾、封建主义与人民大众的矛

---

① 习近平. 习近平在“不忘初心、牢记使命”主题教育总结大会上的讲话［N］. 人民日报，2020-01-09（02）.

盾为背景的斗争，采取的是暴力的武装斗争，一个阶级推翻另一个阶级，武装夺取政权，建立了一个全新的中华人民共和国。在极左思想泛滥的年代，“斗争”一词被歪曲与滥用，一些人一看到“斗争”，就联想到阶级斗争。新时代的伟大斗争不再强调疾风暴雨式的阶级对抗，而是以增进人民福祉、实现中华民族复兴伟业为主线的伟大斗争；“不是为了斗争而斗争，也不是为了一己私利而斗争”，而是在党的领导下，在全面推进依法治国、建设法治中国背景下进行的，在民主和法治轨道上开展的全方位的、多层次的，为了践行初心使命的砥砺奋斗。

其次，新时代的伟大斗争不是空洞的口号，而是一种具体的实际行动。马克思在《关于费尔巴哈的提纲》中指出：“全部社会生活在本质上是实践的。凡是把理论引向神秘主义的神秘东西，都能在人的实践中以及对这种实践的理解中得到合理的解决。”① 马克思主义理论的本质属性在于其彻底的科学性、坚定的革命性和自觉的实践性，而自觉的实践性是最根本的。实践是认识的来源、动力和目的，也是检验真理的唯一标准。只有到实践中去检验，才能驳倒谬误、证明真理，也才能真正化解矛盾、解决问题。中华民族的伟大复兴不是轻轻松松、敲锣打鼓就能实现的，而是要分步骤、有计划、有举措，实实在在地去行动，“苦干实干、攻坚克难”，在实践中不断地磨炼意志、砥励品格、锻炼本领、增长才干。

2. 新时代的伟大斗争是解决发展中矛盾和问题的基本方式

诚如习近平总书记所言：“社会是在矛盾运

① 中共中央马克思恩格斯列宁斯大林著作编译局. 马克思恩格斯文集：第 1 卷［M］. 北京：人民出版社，2009：501.

动中前进的，有矛盾就会有斗争。”① “我们共产党人的斗争，从来都是奔着矛盾问题、风险挑战去的。”② 矛盾是绝对的，斗争也是必然的。但是，斗争不是目的，而是手段；斗争的目的就是应对风险挑战，解决矛盾问题。

在中国特色社会主义进入新时代的今天，以习近平同志为核心的党中央统筹国内国际两个大局，统揽“四个伟大”，“出台一系列重大方针政策，推出一系列重大举措，推进一系列重大工作，战胜一系列重大风险挑战，解决了许多长期想解决而没有解决的难题，办成了许多过去想办而没有办成的大事，推动党和国家事业取得历史性成就、发生历史性变革”③。

---

① 习近平. 决胜全面建成小康社会 夺取新时代中国特色社会主义伟大胜利：在中国共产党第十九次全国代表大会上的报告［M］. 北京：人民出版社，2017：15.

② 习近平. 习近平谈治国理政：第 3 卷［M］. 北京：外文出版社，2020：226.

③ 中共中央关于党的百年奋斗重大成就和历史经验的决议［M］. 北京：人民出版社，2021：27.

但是，我国仍处于并将长期处于社会主义初级阶段的国情没有变，我国是世界上最大发展中国家的国际地位没有变。国内外形势依然复杂多变，使命任务仍旧艰巨繁重，人民日益增长的美好生活需要和不平衡不充分的发展之间的矛盾已经成为我国社会的主要矛盾，已然成为把我国建成富强民主文明和谐美丽的社会主义现代化强国路上的障碍。新时代的斗争正是积极面对当下中国所面临的各种“矛盾问题、风险挑战”而进行的伟大斗争，要与发展道路上的一切障碍作斗争。

3. 新时代的伟大斗争是一种警醒的精神状态和一往无前的奋斗姿态

古语有云：宝剑锋从磨砺出，梅花香自苦寒来。习近平总书记指出，“幸福都是奋斗出来的，奋斗本身就是一种幸福”[①]，并在党的十九大报告中强调，我们党团结带领全国人民开启新时代中国特色社会主义新征程要有“永不懈怠的精神状态和一往无前的奋斗姿态”[②]。毛泽东同志在《同澳共总书记夏基的谈话》中曾指出：“不要散布幻想，不要在精神上解除自己的武装。不作精神准备，就无法教育人民，无产阶级自己也就没有革命干劲。”[③] 无论是在革命战争年代，还是在和平建设年代，不畏艰难、知难而进、迎难而上、锐意进取的奋斗姿态都是干事创业不可或缺的积极因素。

在党的十九大报告中，“伟大斗争”和“斗争”共出现了二十三次；习近平总书记在

---

① 习近平. 在北京大学师生座谈会上的讲话［M］. 北京：人民出版社，2018：12.

② 习近平. 决胜全面建成小康社会 夺取新时代中国特色社会主义伟大胜利：在中国共产党第十九次全国代表大会上的报告［M］. 北京：人民出版社，2017：1.

③ 中共中央文献研究室. 毛泽东文集：第8卷［M］. 北京：人民出版社，1999：94.

2019年秋季学期中央党校（国家行政学院）中青年干部培训班开班式上发表的重要讲话中，“斗争”一词出现多达五十多次。习近平总书记如此多次反复强调“斗争”，其重要性不言而喻。在中华民族迎来了从站起来、富起来到强起来的伟大飞跃的今天，我们比历史上任何时期都要更接近实现中华民族伟大复兴的目标，我们现在所处的，正是一个船到中流浪更急、人到半山路更陡的时候，风险挑战愈大、矛盾问题愈复杂，是一个愈进愈难、愈进愈险，而又不进则退、非进不可的时候。“历史车轮滚滚向前，时代潮流浩浩荡荡。历史只会眷顾坚定者、奋进者、搏击者，而不会等待犹豫者、懈怠者、畏难者。”①

“生于忧患，死于安乐”“人无远虑，必有

① 习近平. 决胜全面建成小康社会 夺取新时代中国特色社会主义伟大胜利：在中国共产党第十九次全国代表大会上的报告［M］. 北京：人民出版社，2017：69.

近忧”。人类文明进步历程从来没有平坦的大道可走，不想斗争、不敢斗争是不切实际的，该斗争就要斗争。我们越接近世界舞台的中央，与实现中华民族伟大复兴的目标越近，越要时刻保持谦虚、谨慎、不骄、不躁的作风，充分认识伟大斗争的必然性、长期性、复杂性、艰巨性，彻底克服“软骨病”“恐惧症”“无能症”，始终保持警醒的精神状态和一往无前的奋斗姿态，为实现伟大梦想而不懈奋斗。

二、明确伟大斗争的基本任务

习近平总书记在2019 年秋季学期中央党校（国家行政学院）中青年干部培训班开班式上发表的重要讲话中强调，“当前和今后一个时期，我国发展进入各种风险挑战不断积累甚至集中显露的时期，面临的重大斗争不会少，经济、政治、文化、社会、生态文明建设和国防和军队建设、港澳台工作、外交工作、党的建设等方面都有，而且越来越复杂”①。新时代的伟大斗争涉及多个领域、多个方面，贯穿于“五位一体”总体布局和“四个全面”战略布局等整个中国特色社会主义伟大事业之中，必须进行具有许多新的历史特点的伟大斗争。

1. 应对危害国家政治安全风险挑战的斗争

政治安全在国家安全体系中居于最高层次和核心地位，攸关党和国家安危，包括国家主权安全、政权安全、意识形态安全、政治制度安全等。当今世界正处于百年未有之大变局，国家政治形势复杂多变，政治领域的伟大斗争涉及国内外、党内外等各个方面。

首先，与恐怖主义、分裂主义、极端主义

---

① 习近平. 习近平谈治国理政：第 3 卷［M］. 北京：外文出版社，2020：226.

的斗争长期存在。恐怖主义是人类社会的公敌，分裂主义是人民的祸患。“三股势力”以宗教思想为依托、民族分裂为目的，越来越多地融为一体，伺机制造事端，实施捣乱破坏活动。我国的新疆地区某些时段受民族分裂势力、宗教极端势力、暴力恐怖势力的叠加影响尤深，给各族人民生命财产安全造成了极大的危害。2014 年发生在新疆的“4・30”乌鲁木齐火车站恐怖袭击事件就是一起严重暴力恐怖性质的爆炸袭击案。近年来，“东突”分裂活动严重损害我国的核心利益；“藏独”分子大肆鼓吹“中间道路”，对治边稳藏构成严峻挑战；“港独”分子企图搞“香港独立运动”扰乱香港经济、政治秩序，影响香港长期繁荣稳定；“台独”分子蠢蠢欲动，意图不断加剧台海紧张局势，把台湾从中国分裂出去。这些都严重威胁着国家的安全和社会的稳定。为此，习近平总书记强调：“反恐怖斗争事关国家安全，事关人民群众切身利益，事关改革发展稳定全局，是一场维护祖国统一、社会安定、人民幸福的斗争，必须采取坚决果断措施，保持严打高压态势，坚决把暴力恐怖分子嚣张气焰打下去……要加强新形势下反分裂斗争，高举各民族大团结的旗帜，坚持各民族共同团结奋斗、共同繁荣发展的主题……坚决遏制和打击境内外敌对势力利用民族问题进行的分裂、渗透、破坏活动。”① 聚力防范打击各种渗透破坏活动、邪教活动，深化反恐怖斗争、反分裂斗争，绝不允许任何人、任何组织、任何政党在任何时候、以任何形式，把任何一块中国领土从中国分裂出去。

其次，反霸权主义斗争依然严峻。一方面，一些西方国家打着“人权高于主权”的旗号，干涉别国内政，甚至策动“颜色革命”来谋求

---

① 习近平. 切实维护国家安全和社会安定 为实现奋斗目标营造良好社会环境［N］. 人民日报，2014-04-27（01）.

政权的更迭。乌克兰的“橙色革命”、黎巴嫩的“雪松革命”等已成为这方面的“经典”案例。“和平演变”“炸弹民主”“人权外交”“普世价值”等西方思潮频繁登场，不断“抹黑”中国、“唱衰”中国，意图“扳倒中国”。另一方面，某些国家奉行单边主义，危及国际秩序，多边主义秩序面临着严峻的威胁。个别国家罔顾国际义务，以国内法代替国际法，无视他国利益，实行“长臂管辖”等，这些都是典型的霸权主义行径，阻碍了世界发展，威胁了世界和平，损害了他国主权，是国际“公害”。为此，2020 年 9 月，习近平在联合国成立 75 周年纪念峰会上发表的重要讲话中指出：“任何国家都没有包揽国际事务、主宰他国命运、垄断发展优势的权力，更不能在世界上我行我素，搞霸权、霸凌、霸道。”①

---

① 习近平．习近平在联合国成立 75 周年纪念峰会上的讲话［N］．人民日报，2020-09-22（02）．

2. 应对危害国家经济安全风险挑战的斗争

经济安全是国家安全体系中的最重要的组成部分，是国家总体安全的基础，是建设现代化经济体系、实现高质量发展的基本要求，涵盖金融安全、财税安全、贸易安全、网络安全、能源安全等。经过改革开放四十余年的发展，我国在经济方面取得了举世瞩目的巨大成就，已经成为世界第二大经济体。但是，在经济全球化的浪潮中，国家经济安全面临的问题也层出不穷。我们必须打好主动仗，同一切破坏我国经济安全的行为作斗争。

自2018年以来，美国对中国实施贸易保护主义，发起贸易摩擦，破坏了全球产业链，冲击了石油、小麦等大宗商品市场和国际金融市场，严重损害了中美两国及人民，乃至世界各国人民的利益。尤其是针对中国“反倾销”产品的增加，对我国的经济贸易产生了消极影响。

经贸合作推动世界共同繁荣发展，其本质原是互利共赢，而非你输我赢。日益紧张的国际贸易关系已经给世界经济构成了威胁，贸易战没有赢家。美国此种危害世界的举措，已招致国际社会一片嘘声，"'试图用关税壁垒解决本国在多边贸易中的赤字问题，只会适得其反''美国政府绕开世贸组织对华加征关税将损害以规则为基础的国际贸易体系'"[①]，美国最终将会搬起石头砸自己的脚。

习近平总书记曾明确指出，我们要"积极主动同西方国家形形色色的保护主义作斗争"[②]。一方面，我们既不怕斗，也不一味斗；既开放市场，又降低关税。另一方面，我们注重经济方式和产业结构的转换升级，实现由制造业大国向制造业强国、由科技大国向科技强

① 人民日报评论员. 美国"贸易零和论"是一种危害世界的心魔［N］. 人民日报，2018-07-09（03）.

② 习近平. 习近平谈治国理政：第2卷［M］. 北京：外文出版社，2017：212.

国的转变。

3. 应对危害国家文化安全风险挑战的斗争

“文化自信是一个国家、一个民族发展中更基本、更深沉、更持久的力量。”① “各种敌对势力绝不会让我们顺顺利利实现中华民族伟大复兴，这就是为什么我们要郑重提醒全党必须准备进行具有许多新的历史特点的伟大斗争的一个原因。这场斗争既包括硬实力的斗争，也包括软实力的较量。”② 文化是最大的软实力，是意识形态的载体。意识形态关乎旗帜、关乎道路、关乎国家政治安全，是国家上层建筑的重要组成部分。维护意识形态安全是总体国家安全观的重要内容，是增强文化软实力的内在

---

① 习近平. 决胜全面建成小康社会 夺取新时代中国特色社会主义伟大胜利：在中国共产党第十九次全国代表大会上的报告［M］. 北京：人民出版社，2017：23.

② 中共中央文献研究室. 习近平关于社会主义文化建设论述摘编［M］. 北京：中央文献出版社，2017：208.

要求。新时代文化领域伟大斗争的核心就是意识形态的斗争。

改革开放以来，随着我国经济体制的深刻变革和社会结构的深刻变动，人们的价值取向更趋多元、多样，社会思想意识呈现出复杂多样的态势，社会主义市场经济下非公有制经济快速发展，使得社会主流价值观念遭遇市场经济逐利性的挑战，拜金主义、享乐主义、极端个人主义呈蔓延之势。西方意识形态的渗透更是无孔不入，主要体现在以下三个方面：

一是利用互联网传播西方的意识形态和价值观念；二是利用文化产业输出西方意识形态，譬如，利用资本的手段制作、投放影视剧，输出到中国影视市场，既赚得盆满钵满，又企图趁机把资本主义的价值观装进我们的脑袋；三是西方资本主义国家打着“人道主义”旗号，推行“新干涉主义”，对他国进行所谓“人权干涉”，借以传播西方价值观。为此，我们要认清西方“普世价值”的本质，一旦认同了他们宣传的所谓的“普世价值”，实质上就是认同了其政治制度，从而陷入他们企图把世界发展纳入有利于其发展轨道，以期实现长期保持其既得利益的“普世价值”陷阱。我们要牢牢掌握意识形态工作主动权，向全世界讲好中国故事；坚定马克思主义在意识形态领域的指导地位；坚持社会主义核心价值体系；与歪曲中华优秀传统文化，否定革命文化和社会主义先进文化的思潮作斗争；与攻击中国特色社会主义的思潮作斗争。

4. 应对危害国家社会安全风险挑战的斗争

以保障和改善民生为重点的社会建设，是中国特色社会主义“五位一体”总体布局的重要组成部分，包括与人民群众的切身利益密切相关的社会治安、教育、医疗、安全生产、食品安全、住房、社会保障等各个方面。社会安全是人民群众安全感、幸福感、获得感的晴雨表，也是社会安定的风向标。

在 2021 年召开的全国脱贫攻坚总结表彰大会上，习近平总书记把脱贫攻坚作为全面建成小康社会的底线任务，“贫困是人类社会的顽疾。反贫困始终是古今中外治国安邦的一件大事。一部中国史，就是一部中华民族同贫困作斗争的历史”①。脱贫攻坚这场人民战争取得了全面胜利。但是，我们仍要看到，与人民息息相关的法治问题、城乡教育资源分配不公问题、就业难问题、医疗健康问题、扫黑除恶专项斗争问题等依然存在。

譬如：在医疗健康问题上，医疗保险存在道德风险；医疗器械和药品安全存在安全风险。2018 年 7 月 15 日，据国家药品监督管理局发布的通告显示，长春长生生物科技有限责任公司

---

① 习近平. 在全国脱贫攻坚总结表彰大会上的讲话 [N]. 人民日报，2021-02-26（02）.

冻干人用狂犬病疫苗生产存在记录造假等行为，严重危害人民群众生命健康权。在扫黑除恶专项斗争上，打掉了一批群众关注度高、社会影响恶劣的黑恶势力犯罪团伙，“村霸”、“菜霸”、宗族恶势力等许多黑恶势力被绳之以法，取得了一定的成效。但是，在抓落实上，仍然存在线索核查不深入、震慑效应不够强等问题。

为此，我们要着力解决教育、就业、医疗等民生问题，坚决打好扫黑除恶斗争的攻坚战、持久战，“对各种危害法治、破坏法治、践踏法治的行为要挺身而出、坚决斗争”[1]，为党和国家事业的发展创造稳定的环境。

5. 应对危害国家生态安全风险挑战的斗争

习近平总书记曾语重心长地指出，“我们的生态环境问题已经到了很严重的程度，非采取

---

① 习近平. 习近平谈治国理政：第 2 卷 [M]. 北京：外文出版社，2017：127.

最严厉的措施不可，不然不仅生态环境恶化的总态势很难从根本上得到扭转，而且我们设想的其他生态环境发展目标也难以实现”①。他一连用了“很严重”“最严厉”这两个词来分别说明生态环境形势的不容乐观和国家生态安全领域斗争的紧迫性与重要性问题。人与自然是生命共同体，人类必须敬畏自然、尊重自然、顺应自然、保护自然。

一方面，我们要敢于同破坏生态环境的行为作斗争。当前，我国经济发展与环境保护的矛盾仍然突出，改善环境的任务依然艰巨，治理速度与污染速度不成正比。纵观人类文明发展史，“生态兴则文明兴，生态衰则文明衰”②。当前，加快生态文明建设是当务之急，只有良好的生态环境，才能实现人与自然和谐共生，

---

① 中共中央文献研究室．习近平关于社会主义生态文明建设论述摘编［M］．北京：中央文献出版社，2017：99.

② 习近平．习近平谈治国理政：第 3 卷［M］．北京：外文出版社，2020：374.

使人类文明得以延续。

另一方面，我们要敢于同自然灾害作斗争。习近平总书记曾明确指出："提高自然灾害防治能力，是实现'两个一百年'奋斗目标、实现中华民族伟大复兴中国梦的必然要求，是关系人民群众生命财产安全和国家安全的大事，也是对我们党执政能力的重大考验，必须抓紧抓实。"① 言下之意，同自然灾害作斗争，战胜重大的自然灾害，是实现社会安定、满足人民美好生活需要的重要组成部分。否则，可能会成为实现"两个一百年"奋斗目标和中华民族伟大复兴中国梦进程中的重要风险。广大党员、干部要充分发挥先锋模范作用，在同自然灾害的斗争中经受住考验。我国是世界上自然灾害最为严重的国家之一，灾害种类多，分布地域广，发生频率高，造成损失重。近年来，受灾

---

① 习近平. 大力提高我国自然灾害防治能力 全面启动川藏铁路规划建设［N］. 人民日报，2018-10-11（01）.

人口每年达一亿多人，每年造成的经济损失在3000亿~5000亿元。正因为如此，同自然灾害作斗争具有强烈的现实性和紧迫性。“同自然灾害抗争是人类生存发展的永恒课题。要更加自觉地处理好人和自然的关系，正确处理防灾减灾救灾和经济社会发展的关系，不断从抵御各种自然灾害的实践中总结经验，落实责任、完善体系、整合资源、统筹力量，提高全民防灾抗灾意识，全面提高国家综合防灾减灾救灾能力。”① 既要防范蕴含着重大灾害风险的“灰犀牛”事件，也要防范可能产生重大灾害影响的“黑天鹅”事件；既要坚持以防为主，还要坚持防、抗、救相结合。

---

① 习近平．落实责任完善体系整合资源统筹力量 全面提高国家综合防灾减灾救灾能力［N］．人民日报，2016-07-29（01）．

三、把握伟大斗争的时代特点

新时代我们面临的伟大斗争不同于以往的斗争,而是“具有许多新的历史特点的伟大斗争”。在党的十九大报告中，习近平总书记指出：“实现伟大梦想，必须进行伟大斗争……全党要充分认识这场伟大斗争的长期性、复杂性、艰巨性，发扬斗争精神，提高斗争本领，不断夺取伟大斗争新胜利。”① 把握好新时代伟大斗争的时代特点，对于我们夺取新时代中国特色社会主义的伟大胜利、实现中华民族伟大复兴具有重要意义。

---

① 习近平. 决胜全面建成小康社会 夺取新时代中国特色社会主义伟大胜利：在中国共产党第十九次全国代表大会上的报告［M］. 北京：人民出版社，2017：15-16.

1. 必然性

唯物辩证法告诉我们，矛盾时时有、处处有，具有普遍性。矛盾是事物运动发展的动力和源泉，矛盾的斗争性是推动事物发展的根本动力。进行具有许多新的历史特点的伟大斗争，是中国特色社会主义进入新时代面对世情、国情、党情新变化、新挑战的必然要求。

就世情来说，现阶段世界已经加速进入经济大动荡、体系大变革、格局大调整的新阶段。我国日益走近世界舞台的中央，面临的风险、挑战也愈大，尤其是一些西方发达资本主义国家不甘心中华民族实现复兴，对我们的忧惧、施压、阻遏有所增大。恐怖主义、分裂主义、霸权主义、难民危机、气候变化等持续蔓延。就国情而言，全面改革进入深水区、攻坚期，发展不平衡、不充分、不协调、不可持续问题依然突出，教育、医疗、就业等民生问题还有很多短板，我国社会“形势环境变化之快、改革发展稳定任务之重、矛盾风险挑战之多、对我们党治国理政考验之大前所未有”①。就党情来看，党的十八大以来，我们党以自我革命精神推进全面从严治党，取得了显著成效。但是，这并不是说我们可以放松警惕、高枕无忧了，而是要有忧患意识，清醒地认识到在长期执政条件下，仍有许多亟待解决的突出问题。在国际环境如此波谲云诡、执政环境如此复杂多变的形势下，实现中华民族伟大复兴历史使命，对我们党提出了新挑战。

2. 长期性

新时代的伟大斗争就其本质而言是马克思主义改变世界、改造世界的实践活动。实现中华民族伟大复兴的远大目标，不仅是要实现国

---

① 习近平. 习近平谈治国理政：第 3 卷［M］. 北京：外文出版社，2020：537.

家富强、民族振兴、人民幸福，还要推动形成人类命运共同体和利益共同体，为世界贡献中国智慧。如此重大的使命、宏伟的目标不可能是一蹴而就的，而是一个长期的过程。具体而言，主要体现在以下两个方面：

一方面，对社会主义道路的认识是长期的。在党的十二大上，邓小平同志正式提出了“建设有中国特色的社会主义”的概念，但是，对究竟什么是有中国特色的社会主义、怎么建设有中国特色的社会主义、建设什么样的有中国特色的社会主义是一个不断丰富、发展、完善的过程，随着新的社会实践而不断深化。“路漫漫其修远兮，吾将上下而求索。”建设中国特色社会主义的最终实现依靠你、我、他的共同奋斗实践。

另一方面，矛盾和问题是长期存在的。虽然中国特色社会主义进入了新时代，我国社会的主要矛盾已经转化为人民日益增长的美好生活需要和不平衡不充分的发展之间的矛盾，但是，我国处于并将长期处于社会主义初级阶段的基本国情没有变，我国是世界上最大发展中国家的国际地位没有变。在这样的条件之下，“我们面临的各种斗争不是短期的而是长期的，至少要伴随我们实现第二个百年奋斗目标全过程”①，要实现伟大梦想必须进行长期的不懈斗争。

3. 复杂性

习近平总书记强调，“中华民族伟大复兴，绝不是轻轻松松、敲锣打鼓就能实现的……在前进道路上我们面临的风险考验只会越来越复杂，甚至会遇到难以想象的惊涛骇浪”②。

第一，斗争形势复杂多变。当前，国际局

① 习近平. 习近平谈治国理政：第 3 卷［M］. 北京：外文出版社，2020：226.

② 同①225-226.

势跌宕起伏、复杂多变，“治理赤字”“发展陷阱”等矛盾问题凸显。作为一个人口最多、发展最快的超大型发展中国家，我国面临的国内形势也更复杂，可以预料的和不可预料的风险挑战也更复杂。此外，党面临的执政环境和风险挑战，影响党的先进性、纯洁性的因素也是复杂的。国际局势、国内形势以及党内态势的复杂性决定了新时代伟大斗争的复杂性。

第二，斗争问题错综复杂。任何事物既是简单的又是复杂的，尤其对事物的发展来说，越发展就越复杂，这就是事物的辩证本性。而且随着全面改革的深入发展，问题也只会越来越多、越来越复杂，并且随时都会有新的问题出现。新时代新形势下的伟大斗争越向前发展，面临要解决的矛盾和问题也越复杂。斗争涉及的政治、经济、文化、社会、生态等方面的内容是复杂多样的；斗争的形式既有经济等层面的有形斗争，还有价值观等层面的无形斗争。

4. 艰巨性

诚如习近平总书记所言："今天，我们比历史上任何时期都更接近、更有信心和能力实现中华民族伟大复兴的目标，同时必须准备付出更为艰巨、更为艰苦的努力。"①

中国特色社会主义进入新时代，世情、国情和党情都发生了巨大的变化，我们应对重大挑战、抵御重大风险、克服重大阻力、解决重大矛盾的斗争任务异常艰巨、斗争领域空前宽广。譬如：随着我国主要矛盾的转变，发展的不平衡与不充分制约着人民日益增长的美好生活需要的满足；意识形态斗争的尖锐性、复杂性问题显著；全面深化改革进入深水区，清除改革的顽瘴痼疾之严峻不言而喻；民生领域教育公平、医疗公平等问题亟待解决；党内形式

---

① 习近平. 在庆祝中国共产党成立100周年大会上的讲话[M]. 北京：人民出版社，2021：17.

主义、官僚主义、享乐主义与奢靡之风的整治不容松懈；风云多变、波谲云诡的国际、外部环境，维护国家主权和安全以及国家发展利益的斗争不容放松。

一个个矛盾的解决，一个个难关的攻克，一个个任务的完成，关乎中华民族伟大复兴的实现。这就需要我们通过以自我革命为主要内容的“伟大工程”，进行具有许多新的历史特点的“伟大斗争”，实现中华民族复兴的“伟大梦想”。

第五章

新时代坚持敢于斗争的基本遵循

中国共产党百年的奋斗历史一再证明，我们党之所以能带领人民攻克一个个难关，取得一个个胜利，创造一个个奇迹，其中重要的原因之一就是我们党的斗争历来重视方向、原则、立场。为了实现振兴中华民族、让人民过上美好生活的伟大梦想，新时代的斗争必须坚持中国共产党的领导，坚守以人民为中心的根本立场，坚持中国特色社会主义道路，坚持实事求是的思想路线。

一、坚持党的领导

中国共产党领导是中国特色社会主义的本

质特征，是中国特色社会主义制度的最大优势。没有共产党就没有新中国，就没有中华民族伟大复兴。党的十九大明确提出“坚持党对一切工作的领导。党政军民学，东西南北中，党是领导一切的”①。党的十九届六中全会审议通过的《中共中央关于党的百年奋斗重大成就和历史经验的决议》指出：“治理好我们这个世界上最大的政党和人口最多的国家，必须坚持党的全面领导特别是党中央集中统一领导，坚持民主集中制，确保党始终总揽全局、协调各方。”② 只有这样，才能不断增强政治定力，营造团结奋进的良好氛围，确保党始终成为中国特色社会主义事业的领导核心，团结带领人民朝着实现伟大梦想的目标前进。

---

① 习近平. 决胜全面建成小康社会 夺取新时代中国特色社会主义伟大胜利：在中国共产党第十九次全国代表大会上的报告[M]. 北京：人民出版社，2017：20.

② 中共中央关于党的百年奋斗重大成就和历史经验的决议[M]. 北京：人民出版社，2021：65.

1. 坚定维护党中央权威和集中统一领导，确保斗争方向

坚定维护党中央权威和集中统一领导，既是马克思主义政党的一条重大原则，又是对我们党历史经验的科学提炼。中国共产党始终注重维护党中央权威和集中统一领导。党的一大明确要求在全党建立统一的组织和严格的纪律。党的六届六中全会提出："个人服从组织，少数服从多数，下级服从上级，全党服从中央，党的一切工作由中央集中领导，是党在组织上民主集中制的基本原则。"① 全党在组织上的团结和统一，是我们党领导中国革命、建设和改革取得伟大胜利的重要保证。党的七大确立毛泽东思想为党的指导思想，使全党实现了空前的团结一致，我们才迎来了革命胜利，确立了社

---

① 中共中央文献研究室，中央档案馆. 建党以来重要文献选编（1921—1949）：第 15 册［M］. 北京：中央文献出版社，2011：773.

会主义制度，开启了建设社会主义的伟大探索。党的十一届三中全会后，面对改革开放中出现的一些问题，邓小平同志强调，“中央要有权威”①，“有了这个权威，困难时也能做大事”②。党的十八大以来，以习近平同志为核心的党中央把维护党中央权威和集中统一领导作为党的政治建设的首要任务，推动我国国际影响力、感召力、塑造力全面显著提高。我们党的历史充分表明，要实现党的力量不断从强大走向强大、推动人民的事业不断从胜利走向胜利，就必须坚定地维护党中央权威和集中统一领导。在实践中形成坚强的中央领导集体并维护这个集体的权威，是中国共产党的强大政治优势，是新时代伟大斗争取得胜利的根本保证。

坚定维护党中央权威和集中统一领导，核

---

① 邓小平. 邓小平文选：第3卷［M］. 北京：人民出版社，1993：277.

② 同①319.

心在于完善落实“两个维护”的制度保障，重点在于健全党的集中统一的组织制度。党的十九届四中全会对完善坚定维护党中央权威和集中统一领导的各项制度提出了一系列新要求，主要包括完善落实“两个维护”的制度、健全党中央对重大工作的领导体制、完善推动党中央重大决策落实机制、严格执行向党中央请示报告制度、健全维护党的集中统一的组织制度等。其中，全会明确要求，推动全党自觉在思想上政治上行动上同以习近平同志为核心的党中央保持高度一致，坚决把维护习近平总书记党中央的核心、全党的核心地位落到实处；健全维护党的集中统一的组织制度，形成党的中央组织、地方组织、基层组织上下贯通、执行有力的严密体系。

坚定维护党中央权威和集中统一领导，事关坚持和完善中国特色社会主义制度的根本方向。中国特色社会主义制度是党领导人民在长期革命、建设和改革实践探索中形成的科学的制度体系。

2. 扎实推动全面从严治党，坚定斗争意志

回顾党的历史，我们党之所以能够从小到大、由弱到强，成功领导中国人民在革命、建设和改革的历史进程中取得一个又一个胜利，一个重要原因在于我们党始终高度重视加强自身建设，始终坚持以“赶考”永远在路上的心态从严管党、治党。因此，坚持党的领导必须扎实推动全面从严治党。全党必须做到理想信念坚定、组织体系严密、纪律规矩严明。马克思主义信仰、共产主义远大理想、中国特色社会主义共同理想，是中国共产党人的精神支柱和政治灵魂，也是保持党的团结统一的思想基础。党中央强调，理想信念是共产党人精神上的“钙”，共产党人如果没有理想信念，精神上就会“缺钙”，就会得“软骨病”，必然导致政治上变质、经济上贪婪、道德上堕落、生活上腐化。腐败是党长期执政的最大威胁，反腐败是一场输不起也决不能输的重大政治斗争，不得罪成百上千的腐败分子，就要得罪十四亿人民，必须把权力关进制度的笼子里，依纪依法设定权力、规范权力、制约权力、监督权力。党坚持不敢腐、不能腐、不想腐一体推进，惩治震慑、制度约束、提高觉悟一体发力，确保党和人民赋予的权力始终用来为人民谋幸福。

扎实推动全面从严治党，一是要狠抓政治从严，推动全党尊崇党章，增强“四个意识”，坚决做到“两个维护”，严明党的政治纪律和政治规矩。二是要狠抓思想从严，坚持用习近平新时代中国特色社会主义思想武装头脑、凝心聚魂，教育引导全党坚定理想信念，补足精神之“钙”。三是要狠抓监督从严，坚持无禁区、全覆盖、零容忍，紧盯重点领域和关键环节，加大巡视巡察、督察督办力度，发挥群众监督作用，全方位强化监督，提高监督实效。四是要狠抓执纪从严，坚持纪严于法、执纪执法贯通，用好监督执纪“四种形态”，强化政治纪律和组织纪律，带动各项纪律全面严起来。五是要狠抓作风从严，坚持以上率下，着力抓常抓细抓长，构筑持之以恒反“四风”、改作风的制度堤坝。六是要狠抓治吏从严，贯彻新时期好干部标准，建立科学有效的选人用人机制，形成能者上、庸者下、劣者汰的用人导向，选人用人状况和风气明显好转。七是要狠抓反腐从严，坚持以零容忍态度惩治腐败，着力扎紧制度笼子，完善不敢腐、不能腐、不想腐的长效机制。

党的十八大以来，经过坚决斗争，全面从严治党的政治引领和政治保障作用充分发挥，党的自我净化、自我完善、自我革新、自我提高能力显著增强，管党治党宽松软状况得到根本扭转，反腐败斗争取得压倒性胜利并全面巩固，消除了党、国家、军队内部存在的严重隐患，党在革命性锻造中更加坚强。但从严治党不可能一蹴而就，更不会一劳永逸，要看到党面临的执政环境是长期复杂的，影响党的先进性、弱化党的纯洁性的因素也是长期复杂的，党面临的“四大考验”“四大危险”具有长期性、复杂性、尖锐性和严峻性，必须一刻不松、半步不退，以坚定的斗争意志将全面从严治党进行到底。

3. 全面推进党的执政能力和治理水平现代化，增强斗争本领

坚持党的领导，既要政治过硬，也要本领高强。有效防范和化解重大风险是当代中国共产党面临的一项艰巨任务，只有全面推进党的执政能力和治理水平现代化，优化制度体系，增强斗争本领，有效化解各种矛盾冲突，成功应对风险挑战，才能牢牢把握工作主动权，向

历史和人民交出一份优异答卷。

第一，必须把马克思主义哲学作为看家本领。在中国特色社会主义新时代，我们要赢得优势、赢得主动、赢得未来，战胜前进道路上各种各样的“拦路虎”“绊脚石”，防范和化解新时代建设中国特色社会主义面临的风险，就必须把马克思主义哲学作为看家本领，以更宽广的视野、更长远的眼光来思考和把握未来发展面临的一系列重大问题，不断提高全党运用马克思主义基本原理分析和解决实际问题的能力，不断提高运用科学理论指导我们应对重大挑战、抵御重大风险、克服重大阻力、解决重大矛盾的能力。要坚持不懈用马克思主义中国化最新成果武装头脑，坚定全党的马克思主义信仰和共产主义理想，不断提高全党特别是领导干部的理论思维能力和思想政治水平。

第二，要发挥制度威力。党的十八大以来，为了适应长期执政的需要，党中央启动了以完善和发展中国特色社会主义制度，推进国家治理体系和治理能力现代化为总目标的全面深化改革工程，党的十九大将其纳入新时代坚持和发展中国特色社会主义的基本方略之中。当今世界正经历百年未有之大变局，国际形势复杂多变，改革发展稳定、内政外交国防、治党治国治军各方面任务之繁重前所未有，我们面临的风险挑战之严峻前所未有。这是我们在发展过程中必然会遇到的，是不以人的意志为转移的。我们要打赢防范化解重大风险攻坚战，必须充分运用制度的威力，这是应对风险挑战、赢得主动的有力保证。中国特色社会主义制度的十三个方面的显著优势，决定了我们能够集中力量办大事、集中国力攻坚克难，能够做到全国一盘棋，这就是我们制度的优越性和巨大威力。我们要认真学习贯彻好党的十九届四中全会《中共中央关于坚持和完善中国特色社会主义制度　推进国家治理体系和治理能力现代化若干重大问题的决定》精神，按照三个阶段的总体要求，努力推进治理体系和治理能力现代化，为建设社会主义现代化强国而不懈奋斗。

第三，总结经验，继续推进制度的完善与治理能力的提高。我国从建立新民主主义社会制度，到建立社会主义基本制度，再到建立健全中国特色社会主义制度，就是一个充满斗争的历史过程。制度的完善和治理能力的提高不会自动实现，还需越过道道险滩、闯过层层难关。为不断满足人民对美好生活的新期待，战胜前进道路上的各种风险挑战，我们必须坚持党的领导，强化制度意识，营造自觉尊崇制度、严格执行制度、坚决维护制度的浓厚氛围；做制度执行的表率，坚持用制度管人管事，把权力关进制度的笼子里；高度整合制度，依法科学“废改立”制度；与各种落后的观念和行为作坚决斗争，在法治轨道上全面推进国家治理体系和治理能力现代化。

二、坚守人民立场

伟大斗争以人民利益为至高目标。人民是我们党执政的最大底气，也是执政党最深厚的根基。新中国成立七十多年来，我们党领导人民创造了世所罕见的经济快速发展奇迹和社会长期稳定奇迹。之所以能够创造“两大奇迹”，靠的就是不忘初心、牢记使命。共产党与人民甘苦与共，人民就与共产党命运与共。要始终坚持人民至上，不断造福人民、牢牢植根人民，用心用情解决群众各项“急难愁盼”问题，让人民群众获得感幸福感安全感更加充实、更有保障、更可持续。

1. 保障人民当家作主的地位，激发斗争主体意识

人民是历史的创造者，是决定党和国家前

途命运的根本力量。我们党历来重视人民的主体地位，这不仅是党领导人民在建设发展过程中得到的经验总结，更有着深刻的理论和实践基础。在完善和发展中国特色社会主义制度、推进国家治理体系和治理能力现代化的过程中，一个重要方面就是要积极培育人民群众的国家治理主体意识。坚守人民立场，要求我们在原则上坚持以人民为中心，维护最广大人民群众的根本利益。我们必须运用各种途径和形式来保障人民群众的基本权利，真正地做到从维护人民群众根本利益出发，不断激发人民的主体意识，共同参与到国家治理和伟大斗争中来。

开展伟大斗争，需要与破坏党的领导和社会主义政治制度的行为作斗争，保障人民的政治权利。党的十八大以来，以习近平同志为核心的党中央团结带领全国各族人民坚定不移走中国特色社会主义政治发展道路，坚持党的领导、人民当家作主、依法治国有机统一，推进社会主义民主法治建设，推动国家治理体系和治理能力现代化，保障了人民当家作主的政治权利。在我国，人民当家作主的政治权利是由人民代表大会制度、基层民主自治制度等制度体系落实和保障的。人民代表大会制度体现了我国一切权力属于人民的社会主义国家性质，是人民当家作主的根本途径和最高实现形式。它坚持人民当家作主的思想观念，保障了人民当家作主，动员了全体人民以国家主人翁的地位投身社会主义建设，保证了国家机关协调高效运转，维护了国家统一和民族团结。

健全人民当家作主制度体系、保证人民当家作主，是坚持唯物史观的集中体现，也是我们党立党为公、执政为民的必然要求。在新时代，只有健全民主制度、丰富民主形式、拓宽民主渠道，培育人民群众的国家治理主体意识，才能充分调动人民群众的积极性、主动性、创造性，为实现中华民族伟大复兴的中国梦凝聚起磅礴伟力。

人民代表大会制度是符合中国国情、体现中国社会主义国家性质、能够保证中国人民当家作主的根本政治制度。在我国，人大代表是由各行各业所组成的，而这一组成是由人民进行选举产生的。因此，与西方国家的政治制度相比，我国的政治制度更加体现人民意愿，展现出无比的优越性，通过这一制度保障人民统一行使国家权力，乃是真正的主权在民。而在实践中，人民代表大会制度将全国人民紧紧联系起来，增强人民的主人翁意识，从而积极投身于社会主义建设，向着实现中华民族伟大复兴的宏伟目标迈进。

2. 正确认识和把握群众需要，找准斗争落脚点

马克思、恩格斯认为，人的需要是人的实践活动的内在动因。人是自主、自为、自觉的存在物。人能够在不同程度上认识自己的需要，使之转化为某种相应的追求，并为实现自己的追求而进行各种各样的社会实践活动。中国共产党人历来主张关注人民群众的利益诉求，关注人民群众的生活需要。满足人民群众的迫切需要，既是中国共产党人的红色基因，也是中国共产党领导人民取得革命、建设、改革伟大胜利的基本经验。党的十九大报告提出，我国社会主要矛盾已经转化为人民日益增长的美好生活需要和不平衡不充分的发展之间的矛盾。“不忘初心、牢记使命”主题教育活动再次强调，要把初心使命变成党员干部锐意进取、开拓创新的精气神和埋头苦干、真抓实干的自觉行动，推动解决人民群众反映强烈的突出问题，不断增强人民群众获得感、幸福感、安全感。这是新时代我们进行伟大斗争的落脚点。

人民群众的获得感来自自身需要的满足。需要是社会主体对其存在和发展条件的缺失或期待状态的观念性把握。在不同的社会发展阶段，人民群众需要的内涵、满足需要的方式、评价需要满足的标准，都是有差别的。经过改革开放四十多年的发展，人民群众在物质生活得到显著改善的同时，对民主、法治、公平、正义、安全、环境等方面的需要日益增长，这些需要构成人民群众的根本利益所在。我们必须通过全面深化改革，提供精准的需要满足资源供给，真正满足人民群众的各项具体需要，让人民群众具有实实在在的获得感。

人民群众的幸福感来自多维需要的满足。在中国特色社会主义新时代，人民群众的需要在结构上更加复杂，在内容上更加丰富，在形式上更加多样，在评价标准上更加多元。这就要求我们必须加快推进经济、政治、文化、社会、生态五大文明建设，尽量全方位满足人民群众的各种需要，真正使人民群众过上幸福生活。

人民群众的安全感是伴随着多种需要的满

足而带来的人生境界的升华。人民群众各种需要得到满足的本质，就是克服需要满足的片面性、狭隘性、单一性、封闭性，实现需要满足的全面性、广泛性、多维性、提升性，实现人的自由全面发展。在现实的社会生活中，要着眼于人民群众生活中多种需要，按照依次递进的原则，从满足人们的基本物质需要开始，逐步进入满足人们的精神需要或自我实现需要的较高层次，让人民群众获得生活的安全感，如食品安全、教育安全、医疗安全、交通安全、人身安全等。

3. 坚持全体人民共同富裕，鼓足斗争续航力

共同富裕是社会主义的本质要求，是中国式现代化的重要特征。实现共同富裕不仅是经济问题，而且是关系党的执政基础的重大政治问题；不仅是发展目标，而且是我们党坚持全心全意为人民服务根本宗旨的重要体现。追求

实现全体人民共同富裕，有利于把全体人民的力量才智凝聚起来，为伟大斗争鼓力续航。

邓小平同志指出："社会主义不是少数人富起来、大多数人穷，不是那个样子。社会主义最大的优越性就是共同富裕，这是体现社会主义本质的一个东西。"① 习近平总书记指出："我们始终坚定人民立场，强调消除贫困、改善民生、实现共同富裕是社会主义的本质要求，是我们党坚持全心全意为人民服务根本宗旨的重要体现，是党和政府的重大责任。"② 党的十九大报告指出："全党必须牢记，为什么人的问题，是检验一个政党、一个政权性质的试金石。带领人民创造美好生活，是我们党始终不渝的

---

① 邓小平. 邓小平文选：第3卷［M］. 北京：人民出版社，1993：364.

② 习近平. 在全国脱贫攻坚总结表彰大会上的讲话［N］. 人民日报，2021-02-26（02）.

奋斗目标。”① 习近平总书记强调：“必须把促进全体人民共同富裕摆在更加重要的位置，脚踏实地、久久为功，向着这个目标更加积极有为地进行努力。”②

在中国发展壮阔历程中，走向共同富裕始终是温暖人心的目标。我们始终坚持以人民为中心的发展思想，始终坚持发展为了人民、发展依靠人民、发展成果由人民共享，追求“让改革发展成果更多更公平惠及全体人民”。党的十八大以来，以习近平同志为核心的党中央把逐步实现全体人民共同富裕摆在更加重要的位置，采取有力措施保障和改善民生，建成世界上规模最大的社会保障体系；脱贫攻坚战取得全面胜利，使现行标准下近一亿农村贫困人口

① 习近平. 决胜全面建成小康社会 夺取新时代中国特色社会主义伟大胜利：在中国共产党第十九次全国代表大会上的报告［M］. 北京：人民出版社，2017：44-45.

② 习近平. 在全国脱贫攻坚总结表彰大会上的讲话［N］. 人民日报，2021-02-26（02）.

全部脱贫，全面建成小康社会，为促进共同富裕创造了良好条件。

中国奇迹之所以震撼人心，不仅在于规模和速度，更在于始终坚持共同富裕，让发展的阳光照进每个人的生活。现在，我们正在向第二个百年奋斗目标迈进，为适应我国社会主要矛盾的变化，更好满足人民日益增长的美好生活需要，必须把促进全体人民共同富裕作为为人民谋幸福的着力点，不断夯实党长期执政的基础。

三、坚持中国道路

“无论搞革命、搞建设、搞改革，道路问题都是最根本的问题。”① 改革开放以来，我们党

① 中共中央文献研究室. 习近平关于实现中华民族伟大复兴的中国梦论述摘编［M］. 北京：中央文献出版社，2013：28.

在探索和实践中找到并拓展了中国特色社会主义道路。我们能够创造出人类历史上前无古人的发展成就，走上了正确道路是根本原因。正如习近平总书记所说："中国人民在三十多年探索和实践中，找到了、坚持了、拓展了中国特色社会主义道路，现在最关键的是坚定不移走这条道路、与时俱进拓展这条道路，推动中国特色社会主义道路越走越宽广。"①

1. 坚持走中国特色社会主义道路，坚定斗争路线

回顾改革开放四十余年的历史，坚持和发展中国特色社会主义是一以贯之的。以邓小平同志为核心的党的第二代领导集体为它确定了基本思路和基本原则，成功开创了中国特色社会主义。以江泽民同志为主要代表的党的第三代中央领导集体毫不动摇地坚持和发展中国特

① 中共中央宣传部. 习近平总书记系列重要讲话读本［M］. 北京：学习出版社，2014：22.

色社会主义的方向，成功地将中国特色社会主义推向二十一世纪。进入二十一世纪以后，面对实现什么样的发展、怎样发展的基本问题，胡锦涛同志坚定地指出：“我们要始终坚持党的基本路线不动摇，做到思想上坚信不疑、行动上坚定不移，决不走封闭僵化的老路，也决不走改旗易帜的邪路，而是坚定不移走中国特色社会主义道路。”① 中国特色社会主义进入新时代，以习近平同志为核心的党中央顺应时代发展，从理论和实践的结合上系统回答了新时代坚持和发展什么样的中国特色社会主义、怎样坚持和发展中国特色社会主义这个重大时代课题，创立了习近平新时代中国特色社会主义思想。

党的十八大报告提出“伟大斗争”时是这样写的：“实践充分证明，中国特色社会主义是

---

① 胡锦涛. 胡锦涛文选：第 3 卷［M］. 北京：人民出版社，2016：159.

当代中国发展进步的根本方向，只有中国特色社会主义才能发展中国。发展中国特色社会主义是一项长期的艰巨的历史任务，必须准备进行具有许多新的历史特点的伟大斗争。我们一定要毫不动摇坚持、与时俱进发展中国特色社会主义，不断丰富中国特色社会主义的实践特色、理论特色、民族特色、时代特色。”① 从某种程度上讲，“伟大斗争”的首要指向就是，同改变、歪曲、背离中国特色社会主义的思想和行为进行决不妥协的斗争，既不走“老路”，也不走“邪路”，坚持发展中国特色社会主义的正确方向。我们必须增强“四个自信”，同一切歪曲、否定中国特色社会主义制度的言行作斗争，不在困难面前低头，不在挑战面前退缩，不拿原则做交易。

---

① 胡锦涛. 坚定不移沿着中国特色社会主义道路前进 为全面建成小康社会而奋斗：在中国共产党第十八次全国代表大会上的报告［M］. 北京：人民出版社，2012：13.

我们要清醒地认识到，中国特色社会主义是人类历史上前所未有的伟大事业，我们不可能在各个领域完全达到对规律的自觉把握，这是一个逐步深化的过程。经过长期努力，中国特色社会主义进入新时代，我国发展站在了一个新的历史方位，新时代坚持和发展中国特色社会主义是党领导人民进行伟大社会革命的成果和继续。党员、干部应带头学习掌握辩证唯物主义和历史唯物主义的实践观、规律观、矛盾观，正确认识社会规律与伟大斗争的关系，防止经验主义和教条主义的干扰，在建设社会主义现代化强国、实现中华民族伟大复兴的征程上一棒接着一棒跑下去。

2. 坚决维护我国主权、安全、发展利益，明确斗争指向

维护主权、安全、发展利益是进行伟大斗争的必然要求和重要内容。国家主权是指国家

独立自主地处理其内外事务、管理自己国家的最高权力。一个国家没有国家主权，无法独立自主，就不能保证本国人民的安全，遑论国家富强和民族振兴。中国的国家主权和领土安全是实现中华民族伟大复兴的重要保障。习近平总书记指出："实现祖国完全统一，是全体中华儿女共同心愿，是中华民族根本利益所在。"[①] 当前，中国正处于实现"两个一百年"奋斗目标和中华民族伟大复兴的关键阶段，遇到的挑战会越来越多，要处理的矛盾也会越来越尖锐。在这种情况下，只有坚决维护好国家主权、安全和发展利益，才能确保中华民族伟大复兴进程不被滞缓或被打断。

当今世界并不太平，全球发展失衡、治理困境、公平赤字等问题叠加新冠肺炎疫情的继续蔓延，一些国家逆全球化思潮涌动、保护主

① 习近平．习近平在庆祝改革开放40周年大会上的讲话［N］．人民日报，2018-12-19（02）．

义和内顾倾向抬头，我国应对外部风险、维护国家安全和利益的压力与挑战前所未有。党的十八大以来，以习近平同志为核心的党中央坚持总体国家安全观，坚持底线思维、居安思危、未雨绸缪，坚持国家利益至上，以人民安全为宗旨，以政治安全为根本，以经济安全为基础，以军事、科技、文化、社会安全为保障，以促进国际安全为依托，统筹发展和安全，统筹开放和安全，统筹传统安全和非传统安全，统筹自身安全和共同安全，统筹维护国家安全和塑造国家安全。

党的十九大报告从七个方面论述了我们面临的困难与挑战，其中之一就是如何确保赢得意识形态领域的斗争，维护国家安全的问题。“我们面临的重大风险是多方面的，既包括国内的经济、政治、意识形态、社会风险以及来自自然界的风险，也包括国际经济、政治、战略、主权、军事等方面的风险。”[①] 所以，我们要在统筹好国内安全和国际安全两个大局的基础上，“坚持国家利益至上，以人民安全为宗旨，以政治安全为根本”[②]，尽快构建起“集政治安全、国土安全、军事安全、经济安全、文化安全、社会安全、科技安全、信息安全、生态安全、资源安全、核安全等于一体的国家安全体系”[③]，为实现伟大梦想奠定坚实的安全制度基础。

3. 坚持改革创新，丰富斗争方法

四十多年的改革开放极大地解放和发展了我国的生产力，“推动我国经济实力、科技实

---

① 中共中央宣传部. 习近平新时代中国特色社会主义思想三十讲［M］. 北京：学习出版社，2018：121.

② 习近平. 决胜全面建成小康社会 夺取新时代中国特色社会主义伟大胜利：在中国共产党第十九次全国代表大会上的报告［M］. 北京：人民出版社，2017：24.

③ 高祖贵. 把握总体国家安全观的科学内涵［N］. 解放军报，2016-02-29（06）.

力、国防实力、综合国力进入世界前列”①。改革开放是一项全新的事业，是一个探索的过程。探索就意味着我们必然会遇到很多新情况、新问题、新挑战。这些问题的解决极大丰富了我们的斗争方法。当前，我国经济社会发展处于新的历史阶段，改革愈向前推进，愈要触及深层次的矛盾和问题。“改革开放每一步都不是轻而易举的，未来必定会面临这样那样的风险挑战，甚至会遇到难以想象的惊涛骇浪。”② 发展中的问题和发展起来后的问题、一般矛盾和深层次矛盾、有待完成的任务和新提出的任务交织叠加。从改革的前提来看，要在坚持马克思列宁主义、毛泽东思想、邓小平理论、“三个代表”重要思想、科学发展观、习近平新时代中

---

① 习近平. 决胜全面建成小康社会 夺取新时代中国特色社会主义伟大胜利：在中国共产党第十九次全国代表大会上的报告[M]. 北京：人民出版社，2017：10.

② 习近平. 习近平在庆祝改革开放 40 周年大会上的讲话[N]. 人民日报，2018-12-19（02）.

国特色社会主义思想的理论前提下进行改革；从改革的对象来看，要打破利益固化樊篱、破除制度体制障碍，必须调整原有的利益格局；从改革的主体来看，党的各级领导干部既是改革的领导者、实施者，又是改革的对象，没有自我革命的勇气、没有刀刃向内的气概、缺乏自我斗争的精神，全面深化改革就很难有所突破；从改革的内容来看，改革也是一种体制和机制创新，要突出重点、击中要害，要击破旧体制的障碍；从改革的过程来看，在我国社会主要矛盾发生转化的情况下，只有深化对社会主义建设规律的认识，才可能把握和增强改革的系统性、整体性、协同性。

要想在改革创新中有所发明、有所创造、有所作为、有所前进，就必须自觉地投身改革创新的时代潮流，科学把握国家治理和发展大势，明确改革创新思路、聚焦主要矛盾、彰显价值立场，始终保持改革创新的魄力和勇气，朝着完善和发展中国特色社会主义制度、推进国家治理体系和治理能力现代化的全面深化改革总目标不断迈进。在这一过程中，要积极调动人民群众改革创新的积极性、主动性，激发社会活力，形成大众创业、万众创新的生动局面；克服惰性与畏难情绪，破除阻碍改革创新的体制机制弊端；坚决消除推进改革发展中的狭隘性与盲目性，杜绝无视科学、无视大局、无视秩序、无视生态的短视行为。

四、坚持实事求是

实事求是的思想路线是马克思主义原理的基本要求。毛泽东说过：“我们说马克思主义是对的，决不是因为马克思这个人是什么‘先哲’，而是因为他的理论，在我们的实践中，在我们的斗争中，证明了是对的。我们的斗争需要马克思主义。”[①] 毛泽东同志1941年在《改造我们的学习》的报告中将“实事求是”进行了马克思主义的新诠释：“‘实事’就是客观存在着的一切事物，‘是’就是客观事物的内部联系，即规律性，‘求’就是我们去研究。”[②] 中国共产党之所以能不断赢得斗争的胜利，从胜利走向胜利，就在于敢实事求是地面对矛盾，进而在不断解决矛盾的过程中获得发展与进步。

1. 坚持一切从实际出发，明确斗争目标

毛泽东同志1942年在《整顿党的作风》中把“实事求是”形象地比喻为“有的放矢”[③]，就是要求一切从实际出发，理论联系实际。如果离开实际去制定斗争策略，不但会错估斗争

---

① 毛泽东. 反对本本主义［M］//人民出版社. 中国共产党党性教育手册：第5卷. 北京：人民出版社，2016：6.

② 毛泽东. 毛泽东选集：第3卷［M］. 北京：人民出版社，1991：801.

③ 同②819.

的形势，误判斗争目标，而且还有可能进行机会主义和盲动主义冒险，频繁地犯唯心主义错误，给中国特色社会主义建设事业造成损失。明确斗争目标，就是要做到在实际调查中了解斗争对象、斗争形势，把马克思主义普遍原理与中国实际相结合。

首先，在斗争过程中，我们既要通过详细的调查和研究知晓斗争对象的实际情况，也要了解自身的状况，更要制定一种优良的斗争策略。如果仅仅依靠某种理论，“安于现状，不求甚解……饱食终日，坐在机关里面打瞌睡，从不肯伸只脚到社会群众中去调查调查”①，是无法取得斗争胜利的。

其次，形势在不断变化，斗争策略也要进行相应的调整。“发展中国特色社会主义是一项长期的艰巨的历史任务，必须准备进行具有许

---

① 毛泽东. 反对本本主义［M］//人民出版社. 中国共产党党性教育手册：第5卷. 北京：人民出版社，2016：12.

多新的历史特点的伟大斗争。”① 伟大斗争绝不是简单轻易就能取得胜利的，斗争的策略需要不断根据形势的变化进行调整，而且“决不是少数人坐在房子里能够产生的，它是要在群众的斗争过程中才能产生的，这就是说要在实际经验中才能产生。因此，我们需要时时了解社会情况，时时进行实际调查”②。盲目乐观，以为“只要遵守既定办法就无往而不胜利”③，这种想法“是完全错误的，完全不是共产党人从斗争中创造新局面的思想路线，完全是一种保守路线。这种保守路线如不根本丢掉，将会给革命造成很大损失，也会害了这些同志自己”④。

再次，在理论联系实际的伟大斗争过程中，

---

① 胡锦涛. 坚定不移沿着中国特色社会主义道路前进 为全面建成小康社会而奋斗：在中国共产党第十八次全国代表大会上的报告［M］. 人民出版社，2012：13.

② 毛泽东. 反对本本主义［M］//人民出版社. 中国共产党党性教育手册：第5卷. 北京：人民出版社，2016：12.

③④ 同②.

要坚持马克思主义的普遍原理与中国实际相结合。中国共产党的百年斗争史，其实就是实事求是地把马克思主义的普遍真理同中国与世界的具体实际紧密结合起来，从实践中一步一步地认识斗争的客观规律，丰富斗争形式，进而取得伟大的历史成就的历史。从某种程度上说，“共产党的哲学就是斗争哲学”①。在毛泽东看来，马克思列宁主义的态度实际上就是有的放矢的态度，其中，“的”就是中国革命，“矢”就是马克思列宁主义，我们总结历史经验得出的基本结论，就是“把马克思主义的普遍真理同我国的具体实际结合起来，走自己的道路，建设有中国特色的社会主义”②。

---

① 中共中央文献研究室. 建国以来重要文献选编：第 12 册［M］. 北京：中央文献出版社，1996：524.

② 邓小平. 中国共产党第十二次全国代表大会开幕词［M］//中国共产党第十二次全国代表大会文件汇编. 北京：人民出版社，1982：3-4.

2. 坚持具体问题具体分析，保证斗争方式的灵活性

具体问题具体分析，是马克思主义哲学的方法论。“马克思主义的最本质的东西，马克思主义的活的灵魂，就在于具体地分析具体的情况。”① 新民主主义革命时期，伟大斗争在处理敌我矛盾时使用了包括暴力手段在内的斗争方式，在处理人民内部的矛盾时则使用了包括批评和自我批评在内的斗争方式。毛泽东同志指出：“对于任何问题应取分析态度，不要否定一切。”② 改革开放以后，邓小平同志在不同场合，针对不同问题，提出过一系列“两手抓”的论断，其实质就是具体问题具体分析。他指

---

① 毛泽东. 矛盾论［M］//人民出版社. 中国共产党党性教育手册：第5卷. 北京：人民出版社，2016：62.

② 毛泽东. 学习和时局（节录）［M］//中共中央整党工作指导委员会. 毛泽东同志论党的作风和党的组织. 北京：人民出版社，1984：90.

出："处理具体事情要谨慎小心，及时总结经验。"[①] 进入新时代，我国改革发展任务繁重，各种矛盾不断积累甚至集中显露。习近平总书记对此强调，"改革要坚持从具体问题抓起"，也就是要求我们针对不同领域、不同行业、不同地区的改革，采取不同的方法和不同的措施，绝不能搞"一刀切"。在研究和制定改革措施的时候，必须坚持一切从实际出发，结合当地的实际情况，不能照搬照抄，搞教条主义。

具体问题具体分析虽然强调事物和问题的独特性，但反对孤立、静止地分析具体情况，主张在全局、普遍、联系中处理矛盾，反对用一种方法去解决所有问题。

在进行伟大斗争的过程中，面对新的风险和挑战，针对不同矛盾与问题，必须坚持具体

---

① 邓小平. 邓小平文选：第3卷［M］. 北京：人民出版社，1993：229.

问题具体分析。当风险和挑战主要以人民内部矛盾的形式显现的时候，要讲究方法和艺术，和风细雨地做润物无声的工作；当这些风险和挑战以敌我矛盾的形式露头的时候，也要明确边界和底线，做好斗争的准备。面对百年未有之大变局，我们只有保持战略定力，坚持具体问题具体分析，逐一解决各种新问题和新矛盾，才能不断取得斗争的胜利，维护人民权益。

3. 坚守底线思维，掌握斗争主动权

在实现中华民族伟大复兴的过程中，我们会遭受这样那样的挑战，尤其是外部环境日趋复杂，这就对我们坚守底线目标构成了极大挑战，如果不能稳守底线目标，就会威胁党之根基、国之根本。我们坚持底线思维，防控各种风险，最重要的是防控和化解有可能迟滞、阻碍中华民族伟大复兴进程的全局性、系统性风险。要防范化解诸种风险，我们就需要如

习近平总书记所强调的那样，牢牢守住底线，“有充沛顽强的斗争精神”，进而化风险为机遇、变被动为主动，促使矛盾向有利于我们的态势转化。

其一，坚守原则的底线。坚持方向不变、立场不移、原则不改。正如习近平总书记所说，我们“不能为了迎合某些人的‘掌声’，把西方的理论、观点生搬硬套在自己身上。要洞若观火，保持政治坚定性，明确政治定位，有主张、有定力。该改的、能改的我们坚决改，不该改的、不能改的坚决不改，决不能在根本性问题上出现颠覆性错误，始终坚持走中国特色社会主义道路不动摇，坚持社会主义基本制度不动摇，坚持党的领导不动摇”①。只有坚定信仰，发扬斗争精神，增强斗争本领，才能在现

① “四个全面”擘宏图（习近平新时代中国特色社会主义思想学习问答⑯）：关于中国特色社会主义事业战略布局［N］.人民日报，2021-08-09（05）.

实中展现出巨大的实践力量，进而切实做到防范风险、稳守底线。

其二，坚守方向的底线。我们共产党人的初心和使命是为中国人民谋幸福，为中华民族谋复兴；我们党带领人民坚持和发展中国特色社会主义，全面建成社会主义现代化强国，是为了实现中华民族伟大复兴的中国梦。我们要不忘国家富强、民族振兴、人民幸福的初心，确保斗争的目的性、价值性。任何影响中国特色社会主义发展、影响中华民族伟大复兴中国梦实现的风险都要坚决消除，这是我们所应当坚守的底线。在这一问题上，没有任何可以妥协退让和犹豫动摇的余地。

其三，要有预见风险的底线。增强伟大斗争的预见性，增强对各种社会和自然风险的预测、预警、预防并进而化解的能力，坚决战胜一切在政治、经济、文化、社会等领域和自然界出现的困难和挑战，是社会安定与人民幸福的前置性条件。“凡事预则立，不预则废。”面对百年未有之大变局，以习近平同志为核心的党中央带领我们保持战略定力，统筹国内国际两个大局，从容应对各种风险挑战。这其中，既有党的百年奋斗经验的智慧积累，也是因为党中央高瞻远瞩、运筹帷幄，制定了适合中国国情的发展方略。各级党组织和领导干部要本着对历史负责、对人民负责的态度，坚持底线思维，常存戒慎之心，防患于未然，“科学预见形势发展的未来走势、蕴藏其中的机遇和挑战、有利因素和不利因素，透过现象看本质，抓好战略谋划，牢牢掌握斗争主动权”①，为提高人民的生活品质、增进民生福祉保驾护航，维护人民的利益和尊严。

---

① 中共中央政治局召开民主生活会强调 树牢“四个意识”坚定“四个自信”坚决做到“两个维护”勇于担当作为 以求真务实作风把党中央决策部署落到实处 中共中央总书记习近平主持会议并发表重要讲话［N］. 人民日报，2018-12-27（01）.

第六章

斗争是一门艺术

“斗争是一门艺术。”[1] 敢于斗争，就要下好先手棋，打好主动仗；善于斗争，就要注重策略方法，讲求斗争方法；勇于胜利，就要注重斗争效果，提高斗争本领。

一、牢牢掌握斗争主动权

所谓斗争主动权，就是有斗争的思想自觉和斗争准备，“积极主动、未雨绸缪，见微知著、防微杜渐，下好先手棋，打好主动仗”[2]，“牢

① 习近平. 习近平谈治国理政：第 3 卷 [M]. 北京：外文出版社，2020：227.

② 习近平. 习近平谈治国理政：第 2 卷 [M]. 北京：外文出版社，2017：223.

牢掌握斗争主动权”[1]，进行具有自主性、自为性和创造性的斗争。

1. 把握斗争主动权的前提是对斗争必然性的清醒认识

主动自觉的斗争源自理论上的清醒。有科学理论武装头脑，才有认识上的觉悟，才能一往无前，奋勇斗争。马克思主义认为，社会是矛盾构成的，矛盾是事物发展的动力，非斗争不足以扫荡旧恶，除旧布新。马克思说：“在观点、利益和目的不一致的情况下，新时代的幸福是不能用假想的合理妥协和虚伪的合作等办法来达到的，这种幸福只有经过各个党派的斗争才能达到。”[2] 正是基于利益关系的政治斗

① 中共中央党史和文献研究院. 习近平关于“不忘初心、牢记使命”论述摘编［M］. 北京：党建读物出版社，2019：224.

② 中共中央马克思恩格斯列宁斯大林著作编译局. 马克思恩格斯全集：第5卷［M］. 北京：人民出版社，1958：25.

争、阶级斗争、思想斗争，成为推动历史发展的动力。从社会发展规律的角度看待斗争，就不会盲目；从斗争必然性的角度看待社会发展规律，就能自信坚定。

一部马克思主义发展史，就是一部同各种敌对势力和错误思潮作斗争的斗争史。中国共产党是马克思主义的坚定信仰者和忠实实践者，百年党史是一部为实现中华民族伟大复兴不懈奋斗的历史，也是同国内外敌人和错误思潮进行艰苦卓绝斗争的斗争史。“历史的道路，不全是坦平的，有时走到艰难险阻的境界，这是全靠雄健的精神才能冲过去的。”① “权利是争来的，不是送来的，这世界上有一个‘争’字，我们的同志不要忘记了。有人说我们党的哲学叫‘斗争哲学’……自从有了奴隶主、封建主、资本家，他们就向被压迫的人民进行斗争，‘斗

① 中国李大钊研究会. 李大钊全集：第 4 卷［M］. 北京：人民出版社，2013：487.

争哲学'是他们先发明的。被压迫人民的'斗争哲学'出来得比较晚，那是斗争了几千年，才有了马克思主义。放弃斗争，只要团结，或者不注重斗争，马马虎虎地斗一下，但是斗得不恰当、不起劲，这是小资产阶级软弱性的表现。"① 正是基于对人类社会发展规律的把握和对斗争必然性的深刻体悟，坚持敢于斗争，中国共产党人才团结带领人民书写了历史上最恢宏的史诗。

新时代我们比历史上任何时期都更接近实现中华民族伟大复兴的目标，但是，人类文明进步历程从来没有平坦的大道可走，人类就是在同困难的斗争中前进的。"莫言下岭便无难，赚得行人错喜欢。正入万山圈子里，一山放出一山拦。"习近平总书记多次引用杨万里的这首诗告诫全党，实现"两个一百年"奋斗目标，

---

① 中共中央文献研究室. 毛泽东文集：第3卷［M］. 北京：人民出版社，1996：316.

我们不知还要爬多少坡，过多少坎，经历多少风风雨雨，克服多少艰难险阻。对斗争的必然性有清醒的认识，才能继续朝着中华民族复兴的伟大目标奋勇前进。

坚定的斗争信念源于信仰的力量。中国共产党的坚定斗争信念源自对马克思主义真理的深切理解和对共产主义的崇高信仰。“革命理想高于天”，崇高理想是凝聚人心、催人奋进的伟大旗帜，坚定信念是战胜困难、克敌制胜的精神支柱。

百年来，中国共产党人始终坚持用马克思主义科学真理武装全党，不断推进马克思主义中国化，坚定了共产主义理想，坚定了实现民族复兴的斗争信念。邓小平同志曾经指出，为什么我们过去能在非常困难的情况下奋斗出来，战胜千难万险使革命胜利呢？就是因为我们有理想，有马克思主义信念，有共产主义信念。从艰苦卓绝的井冈山斗争到千难万险的长征路，从硝烟弥漫的抗日战争到摧枯拉朽的解放战争，从坚决捍卫国家主权、安全、领土完整的英勇斗争到抢险救灾、保卫人民生命财产安全的顽强拼搏，从支援国家经济社会建设的无私奉献到维护地区和世界和平的实际行动，崇高理想的灯塔指引人民军队一路向前。源自马克思主义真理的坚定斗争信念是战胜困难、克敌制胜的精神支柱。

坚强的斗争意志是党性原则的要求。讲党性、讲原则，就要讲斗争。中国共产党有统一的理论基础、组织原则、组织纪律、根本宗旨、奋斗目标、路线方针政策和行为准则，在思想上、组织上、行动上保持高度一致，这一切立足于敢于斗争的基础之上。党政干部在国家核心利益、人民根本利益、意识形态领导权、社会和谐稳定发展等原则问题上绝不能含糊、退让。共产党员要当战士、不当绅士，不做“骑墙派”和“看风派”，关键时刻不失语，重大问题不缺位，做原则问题的“强硬派”。“对共产党人来说，‘好好先生’并不是真正的好人。奉行好人主义的人，没有公心、只有私心，没有正气、只有俗气，好的是自己，坏的是风气、是事业。共产党人讲党性、讲原则，就要讲斗争。在原则问题上决不能含糊、决不能退让，否则就是对党和人民不负责任，甚至是犯罪。大是大非面前要讲原则，小事小节中也有讲原则的问题。党的干部都要有秉公办事、铁面无私的精神，讲原则不讲面子、讲党性不徇私情。”①

2. 把握斗争主动权依赖于对斗争任务的高度自觉

对斗争任务有高度的自觉，才会有斗争的自主性、选择性、创造性。中国共产党所领导

---

① 习近平. 信念坚定对党忠诚实事求是担当作为 努力成为可堪大用能担重任的栋梁之才［N］. 人民日报，2021－09－02（01）.

的伟大事业是以中华民族伟大复兴为目标，从中国的国情出发，按照人民的愿望，围绕着时代所赋予的历史使命，在对斗争规律充分把握的基础上进行的自觉斗争，是直面前进道路上的风险和挑战、破解各种难题的实际行动。当前和今后一段时间，我国发展进入各种风险挑战不断积累甚至集中显露的时期，党政干部要意识到斗争领域的广泛性。在国际上，我们必须与霸权主义、保护主义进行不懈斗争，必须与不合理的国际秩序、国际分工、全球治理方式进行多种方式的斗争；在国内，我们党要团结带领人民有效应对重大挑战、抵御重大风险、克服重大阻力、解决重大矛盾。党政干部要认识斗争任务的多面性、复杂性，从全面从严治党、坚持马克思主义在意识形态领域的指导地位，到全面深化改革、推进供给侧结构性改革、推动高质量发展；从保障和改善民生，到治理生态环境、应对重大自然灾害；从全面依法治国，到维护国家安全；等等。对斗争任务有了高度自觉的认识，就能主动地开展斗争、自为地选择斗争。

3. 把握斗争主动权要求保持警醒的状态和奋斗的姿态

斗争是处理矛盾解决问题的基本方法，是共产党人应有的生活态度。毛泽东同志曾说："不要散布幻想，不要在精神上解除自己的武装。不作精神准备，就无法教育人民，无产阶级自己也就没有革命干劲。用和平手段也是要斗争的。"① 对人生来说，不是想不想斗争和愿不愿斗争的问题，而是敢不敢斗争和会不会斗争的问题。希望天下太平回避斗争，是妄想症；遇到问题矛盾不愿斗争，是"软骨症"。当前世界百年未有之大变局加速演进，中华民族伟大

① 中共中央文献研究室. 毛泽东文集：第 8 卷［M］. 北京：人民出版社，1999：94.

复兴进入关键时期，我们面临的风险挑战明显增多，总想过太平日子、不想斗争是不切实际的。现实中，有的人得了“软骨病”不愿斗争，当好好先生、开明绅士；有的人患上恐惧症，不敢斗争；有的人搞一团和气，不言斗争，凡事追求四平八稳，差不多就行。长此以往，只会精神颓废，斗志丧失，事业止步。

坚定“四个意识”，做到“两个维护”，党员干部更要学习习近平总书记的奋斗精神。例如，2020 年，习近平总书记亲自领导制定《中共中央关于制定国民经济和社会发展第十四个五年规划和二〇三五年远景目标的建议》。为了解人民所思所盼，把顶层设计与问计于民相统一，他 3 月亲自奔赴武汉，4 月深入浙江，5 月赶往山西，6 月西行宁夏，7 月北上吉林，8 月冒酷暑到安徽，9 月南下湖南，10 月飞抵广东……不辞辛劳。从 7 月下旬到 9 月下旬，先后主持召开系列座谈会，邀请专家学者、企业家、科学家、货运司机、餐馆店主、农民工人等各行业代表走进会场建言献策，习近平总书记为党和人民的事业倾注了大量心血。“幸福是奋斗出来的”，世界上最快乐的事，莫过于为理想而奋斗，负重任而前行。新时代容易沉溺于享乐的环境中而丧失昂扬锐气、蓬勃朝气，斗争是治疗富贵病、麻木症的一剂良药。越是和平时期越要保持头脑的清醒，保持干事创业的激情和积极向上的态度。要摒弃“岁月静好”的幻想，保持永不懈怠的精神状态和一往无前的奋斗姿态。

保持警醒的状态和奋斗的姿态就是随时做好充分的斗争准备。这就要求有敏锐的观察力，及时发现问题，科学判断问题，打有准备之仗。习近平总书记指出：“领导干部要有草摇叶响知鹿过、松风一起知虎来、一叶易色而知天下秋的见微知著能力，对潜在的风险有科学预判，知道风险在哪里，表现形式是什么，发展趋势会怎样，该斗争的就要斗争。”[①] 就是说，要以深刻的洞察力、超凡的分析力拨开迷雾，发现和捕捉问题，并擘画蓝图，引领前进。毛泽东曾生动地说：“没有预见就没有领导，没有领导就没有胜利。”[②] 毛泽东是具有战略眼光的预见高手，在1927年秋收起义前后，在党内很多同志对武装斗争仍然无“坚决的概念”的情况下，他先是在“八七”会议上大声疾呼“枪杆子里面出政权”，后又在一片“进攻长沙”的声浪中，冷静决定上井冈山，引领中国革命走向胜利。“坐在指挥台上，如果什么也看不见，就不能叫领导。坐在指挥台上，只看见地平线上已经出现的大量的普遍的东西，那是平平常常的，也不能算领导。只有当着还没有出现大量的明显的东西的时候，当桅杆顶刚刚露出的时候，

① 习近平. 习近平谈治国理政：第3卷［M］. 北京：外文出版社，2020：226-227.

② 中共中央文献研究室. 毛泽东文集：第3卷［M］. 北京：人民出版社，1996：396.

就能看出这是要发展成为大量的普遍的东西，并能掌握住它，这才叫领导。”① 无视、忽视或不懂、不善看“桅杆”，就会错失机遇；或者老虎来了还以为是猫，就会猝不及防。中国特色社会主义进入新时代，但并没有改变矛盾和斗争产生、发展、变化的主客观条件，矛盾交织，斗争隐蔽，必须时时处处保持敏锐状态，见微知著，既要有防范风险的先手，也要有应对和化解风险挑战的高招；既要打好防范和抵御风险的有准备之仗，也要打好化险为夷、转危为机的战略主动仗。

① 中共中央文献研究室，中央档案馆. 建党以来重要文献选编（1921—1949）：第22册［M］. 北京：中央文献出版社，2011：505.

二、坚持唯物辩证的斗争方法

敢于斗争，不仅要有斗争精神、斗争意志，还要有游刃有余的斗争策略，灵活机动的方式方法。有勇无谋，大事难成。仅有斗争意志而不懂斗争规律，不讲斗争艺术，那是匹夫之勇。不循章法，盲目蛮干，把策略方法抛在一边，好牌也会打成烂牌。唯物辩证法揭示了事物和社会发展的一般规律，是敢于斗争的方法论。“唯物辩证法……它就是世界观……拿了这样的世界观转过来去看世界，去研究世界上的问题，去指导革命，去做工作，去从事生产，去指挥作战，去议论人家长短，这就是方法论，此外并没有别的什么单独的方法论。”① 坚持唯物辩

① 中共中央文献研究室. 毛泽东著作专题摘编：上卷［M］. 北京：中央文献出版社，2003：30.

证法，就要抓主要矛盾，坚持“有理有利有节”，坚持原则性和灵活性相统一，团结一切可以团结的力量。

1. 坚持矛盾方法，抓住主要矛盾

唯物辩证法认为，在事物的发展过程中存在许多矛盾，这些矛盾的发展是不均衡的，矛盾诸方面的发展也是不平衡的。主要矛盾和矛盾的主要方面决定着矛盾的特点和事物的本质。但是，主要矛盾和次要矛盾、矛盾的主要方面和矛盾的次要方面的关系并非一成不变的。只有把握主要矛盾和矛盾的主要方面，才能分清主流，把握关键；只有认识主要矛盾与次要矛盾及矛盾的主要方面与次要方面的关系，才能实现全面协调可持续发展。所以，“面对复杂形势和繁重任务，首先要有全局观，对各种矛盾做到心中有数，同时又要优先解决主要矛盾和矛盾的主要方面，以此带动其他矛盾的解决”，

“我们既要注重总体谋划，又要注重牵住‘牛鼻子’。在任何工作中，我们既要讲两点论，又要讲重点论，没有主次，不加区别，眉毛胡子一把抓，是做不好工作的”①。

首先，抓住主要矛盾是破解难题的基本方法。善于抓住和集中力量解决主要矛盾是唯物辩证法的基本要求，也是中国共产党领导事业取得伟大成就的经验总结。中国共产党人在领导革命斗争、社会主义建设和改革的每一个历史阶段，总是善于在全面分析主客观情况的基础上，注重总体谋划，找出主要矛盾，确定战略策略，集中优势兵力消灭最主要的敌人，聚合各种力量解决最主要的问题。毛泽东是这方面的光辉榜样，他说：“如果是存在着两个以上矛盾的复杂过程的话，就要用全力找出它的主要矛盾。捉住了这个主要矛盾，一切问题就迎

① 习近平. 坚持运用辩证唯物主义世界观方法论提高解决我国改革发展基本问题本领［N］. 人民日报，2015-01-25（01）.

刃而解了。”[①] 拿起纲，目才能张，纲就是主题，“纲举”才能“目张”。邓小平也是我们学习的典范，他指导中国以经济建设为中心，开启了通往富裕的改革开放道路。习近平总书记强调全党要善于运用唯物辩证法认识和处理问题，善于从千头万绪、纷繁复杂的事物中抓住主要矛盾和矛盾的主要方面，既统领全局、统筹规划，又在重点突破中推动工作协调发展，把改革开放的伟大事业推向新阶段。

其次，科学判断主要矛盾从而找到解决途径是关键。把握主要矛盾，需要对社会发展阶段作出正确判断，清晰认识一定历史时期的社会主要矛盾。新民主主义革命时期，中国共产党人准确把握了中国社会的主要矛盾，开创出“农村包围城市、武装夺取政权”的革命道路。

① 毛泽东. 毛泽东选集：第1卷［M］. 北京：人民出版社，1991：322.

社会主义建设时期，由于错误认识了社会的主要矛盾，“以阶级斗争为纲”，酿成了一场“十年浩劫”。十一届三中全会重新认识中国社会的各种矛盾，果断提出把党和国家的工作重心转移到以经济建设为中心的社会主义现代化建设上来，使我们的事业重新走上了健康发展的轨道。党的十九大在全面分析当代中国社会各方面情况的基础上，作出重大战略判断，中国特色社会主义进入新时代，我国社会主要矛盾已经转化为人民日益增长的美好生活需要和不平衡不充分的发展之间的矛盾。社会主要矛盾的变化是关系全局的历史性变化，对党和国家工作提出了许多新要求。

主要矛盾常常表现为重大矛盾和重大风险。与社会主要矛盾的变化相应，我国发展进入各种风险挑战不断积累甚至集中显露的时期，应对风险挑战成为实现美好生活的先决条件。习近平总书记指出，各种风险我们都要防控，但重点要防控那些可能迟滞或中断中华民族伟大复兴进程的全局性风险。防范化解这些全局性风险，是新时代具有新的历史特点的伟大斗争的重点。对此，习近平总书记进一步指出："凡是危害中国共产党领导和我国社会主义制度的各种风险挑战，凡是危害我国主权、安全、发展利益的各种风险挑战，凡是危害我国核心利益和重大原则的各种风险挑战，凡是危害我国人民根本利益的各种风险挑战，凡是危害我国实现'两个一百年'奋斗目标、实现中华民族伟大复兴的各种风险挑战，只要来了，我们就必须进行坚决斗争，而且必须取得斗争胜利。"① 这些重大风险，防控得力，大风险就会变为小风险；防控不力，小风险就可能会变为大风险。紧紧围绕重大风险确立我们的斗争目标、部署我们的斗争安排、执行我们的斗争任

---

① 习近平. 习近平谈治国理政：第 3 卷［M］. 北京：外文出版社，2020：226.

务，才能够在斗争中实现以重点突破带动整体推进。

再次，抓主要矛盾要以整体推进支撑重点突破。开展任何领域、任何方面的斗争，都应当注重整体规划、统筹谋划，要明确斗争目标、斗争重点、优先顺序、主攻方向、推进方式乃至斗争的路线图、时间表，推动各项工作相互促进、良性互动、协同配合。在全面深化改革过程中，各个领域、各个环节的关联性、耦合性明显增强，各行其是、单兵突进不行，畸轻畸重、顾此失彼也不行。重大改革都是牵一发而动全身的，更需要全面考量、协调推进，必须把推进经济体制、政治体制、文化体制、社会体制、生态文明体制等改革有机结合起来，优化系统功能，凸显改革的整体合力。2012 年 12 月，习近平总书记在广东考察时强调，努力做到全局和局部相配套、治本和治标相结合、渐进和突破相促进。改革也要辨证施治，既要养血润燥、化瘀行血，又要固本培元、壮筋强骨，使各项改革发挥最大效能。从重大风险的防范化解来说，必须“完善风险防控机制，建立健全风险研判机制、决策风险评估机制、风险防控协同机制、风险防控责任机制，主动加强协调配合，坚持一级抓一级、层层抓落实”[①]，促使风险防控工作及其机制成为一个有机的系统整体，也在机制上保障和支撑我们以更为充沛的精力聚焦重点问题的解决和突破。

最后，坚持两点论。善于抓住和集中力量解决主要矛盾并不意味着可以无视或放任其他矛盾的存在。非主要矛盾会影响主要矛盾的作用和发展，促进或制约主要矛盾的解决。这就要求我们既要讲“重点论”，也要讲“两点论”，学会“弹钢琴”。改革开放是一个系统工程，必须坚持全面改革，在各项改革协同配合

① 习近平. 习近平谈治国理政：第 3 卷［M］. 北京：外文出版社，2020：223.

中推进，处理好整体推进和重点突破、顶层设计与摸着石头过河的关系，把着力点放到加强系统集成、协同高效上来，需要“改革主体协同”“改革方案协同”“改革落实协同”“改革效果协同”。面对目前出现的“发展机遇前所未有，面对的风险挑战也前所未有”的发展状态，科学发展是正确处理局部和全局、数量和质量、速度和效益关系的又好又快发展，是正确处理人与人、人与社会、人与自然关系的协调发展，是正确处理城市和农村、发达地区与欠发达地区、国内发展与对外开放关系的统筹发展，是正确处理经济、政治、文化、社会以及生态等各方面关系的全面发展，是正确处理当前与长远、现在与未来关系的可持续发展。

妥善解决主要矛盾和非主要矛盾的问题，必须正确处理三个关系。一是中心工作与其他工作的关系。要聚精会神搞建设，一心一意谋发展。同时，要处理好经济建设、政治建设、文化建设、社会建设、生态文明建设和党的建设的关系，做到全面推进、协调发展。二是全局与局部的关系。要坚持系统论，树立整体观念，增强全国一盘棋意识。做到服从全局，善于把地区和部门的工作融入党和国家事业大棋局，既为一域争光，更为全局添彩。地方和部门保护主义，不仅妨碍全局利益，最终也会损害地方和部门的利益。三是当前与长远的关系。立足现实，不好高骛远；洞察现实，抓好当前。同时，深谋远虑，放眼未来。不怕眼前落后，就怕眼光落后。着眼长远，有远见，善预见，方能引领发展。领导干部要培养和提高创新能力，以深刻的洞察力、超凡的分析力拨开迷雾，形成预见，并擘画蓝图，引领前进。多干打基础、可持续发展、造福子孙后代的事。

2. 坚持“有理有利有节”，把握斗争火候

伟大斗争是一场“有理有利有节”的斗争。

抗日战争时期，为了巩固抗日民族统一战线，在1940年3月11日的中国共产党高级干部会议上，毛泽东同志基于对顽固派的精辟分析，提出了“有理有利有节”原则。习近平创造性地将这一原则运用于新时代党领导的伟大斗争实践中，成为解决新时代中国经济社会发展各种问题的有效方法。

第一，坚持有理原则。

所谓“有理”，是指斗争要有理论依据和现实基础，“有理”才能使斗争具有正当性、广泛性和人民性。开展伟大斗争，必须遵循的“理”有很多，主要是：

一是中国特色社会主义伟大旗帜的“理”。一个国家实行什么样的主义，关键要看这个主义能否解决这个国家面临的历史性课题。中国特色社会主义，是科学社会主义理论逻辑和中国社会发展历史逻辑的辩证统一，是根植于中国大地、反映中国人民意愿、适应中国和时代发展进步要求的科学社会主义，是推进社会主义现代化、实现中华民族伟大复兴的正确道路。

二是以人民为中心的“理”。人民是历史的创造者，是决定党和国家前途命运的根本力量。必须坚持人民主体地位，坚持立党为公、执政为民，把党的群众路线贯彻到治国理政的全部活动之中，坚守人民美好生活的奋斗目标，并且依靠人民创造历史伟业。

三是“人不犯我，我不犯人”的道义之理。在对手不采取挑衅或进攻行动之前，不主动惹是非，但在挑衅攻击面前，绝不规避退缩，必须予以坚决反击。针对国际上一些质疑中国强起来后对世界造成威胁的声音，国务院新闻办发布的《新时代的中国与世界》白皮书指出：“中国绝不走‘国强必霸’的路子……中国走和平发展道路，不是外交辞令，不是权宜之计，不是战略模糊，而是思想自信和实践自觉的有机统一，是坚定不移的战略选择和郑重承诺。”

但这绝不意味着，在涉及国家核心利益时无原则、无底线地退让。以退让求团结则团结亡，合理的斗争是求得团结的必经之途。在第十八届中央政治局第三次集体学习时，习近平总书记掷地有声地说："我们要坚持走和平发展道路，但决不能放弃我们的正当权益，决不能牺牲国家核心利益。任何外国不要指望我们会拿自己的核心利益做交易，不要指望我们会吞下损害我国主权、安全、发展利益的苦果。"① 今天的大国关系需要相向而行，但必须尊重双方的核心关切。中华民族不是一个好战的民族，但也绝不怕战，一旦有势力挑战我们的核心利益，必须展现出捍卫原则底线的决心和能力，寸步不让，有力回击，使他们在十四亿多中国人民用血肉筑成的钢铁长城面前碰得头破血流！

第二，坚持有利原则。

---

① 习近平. 习近平谈治国理政：第 1 卷［M］. 北京：外文出版社，2018：249.

所谓“有利”，是指斗争要达到为人民谋利益、满足人民美好生活需要的目的和结果。共产党人一切言行以合乎最广大人民群众的最大利益为最高标准。1992 年初，邓小平到南方视察工作时，把自己多年思考的结果用最精辟、最完整、最通俗易懂的“三个有利于”标准表达出来，其核心是发展社会生产力。随着改革开放的全面深化而带来的新问题，习近平总书记提出“三个有利的”的判断标准，即“对党和人民事业有利的，对最广大人民有利的，对实现党和国家兴旺发达、长治久安有利的”[①]。“三个有利的”判断标准，涉及治国理政的方方面面，丰富和发展了“三个有利于”的判断标准，为我们进行斗争提供了“有利”的根本依据。

有利原则也是胜利原则，即“不斗则已，

① 习近平. 习近平谈治国理政：第 1 卷［M］. 北京：外文出版社，2018：107.

斗则必胜，决不可举行无计划无准备无把握的斗争”[①]。倘若在斗争中不能让对方感到切肤之痛，他们往往不会收手、不会罢休，甚至会得寸进尺、变本加厉，因为他们常常有这样的错觉和幻想，认为可以不付出多少代价便能够突破我们的底线以攫取无限利益。唯有有力地回击，才能让他们知晓，挑战我们的原则底线必将为之付出难以承受的惨痛代价。在一些特殊情形之下，甚至需要表现出宁为玉碎不为瓦全的气魄和决心，才能迫使对方在战略选择上进行调整，也才能够更好地捍卫我们的核心利益。善于斗争，勇于胜利，是敢于斗争的目标指向。

第三，坚持有节原则。

所谓“有节”，就是讲斗争要把握一定的火候和节奏，保持合理适度，也就是休战原则。

---

① 毛泽东．毛泽东选集：第 2 卷［M］．北京：人民出版社，1991：749.

抗日战争时期，为了巩固统一战线，团结壮大人民力量，对顽固派的斗争要适可而止；建设时期，服务于为人民谋幸福、为民族谋复兴、为世界谋大同的宏伟目标，同样不能盲目扩大斗争的范围或加深斗争的程度。

把握好斗争的度，要注意对抗程度的拿捏，防止过犹不及，也要准确抓住时机。中国共产党人在领导革命的过程中，通过“有节”而掌握斗争的有利时机，积累了丰富的经验。在改革开放时期，当代中国共产党人继承了“有节”的斗争方法，解决了改革开放过程中所遇到的一系列新问题，确保了我国经济社会持续快速发展。邓小平在1992年初南方谈话中总结经验时指出：“看起来我们的发展，总是要在某一个阶段，抓住时机，加速搞几年，发现问题及时加以治理，尔后继续前进。”① 把握好斗争的

① 邓小平．邓小平文选：第3卷［M］．北京：人民出版社，1993：377.

度，还特别需要关注斗争进程的各个关节点，既不能超越阶段，也不能跟不上形势。当量变已经为质变准备好条件时，就应果敢出击，不失时机地促进事物发生质的飞跃；当量变尚不足以引起质变时，切不可急躁冒进，要以深入而细致的工作，为质的突破准备转化条件。

3. 坚持原则坚定性和策略灵活性的统一

坚定性和灵活性相统一是实事求是思想路线在实际工作中的具体运用。坚持原则的坚定性是由党和国家的事业方向、目标任务决定的，原则问题关系到中国共产党和中华民族的根本利益，任何时候任何场合都不能含糊、不能动摇。放弃了原则，就可能丧失理想信念信仰，迷失前进的方向，甚至丢掉执政地位。策略的灵活性是在坚持原则坚定性的前提下，由于事业的复杂性、艰巨性和曲折性而采取的处理方式和方法，表现为当遇到复杂情况时，要根据实际情况发展变化调整工作思路，灵活地应对。斗争过程中既要坚持原则性，准确判断事物发展的是非曲直，确立目标任务；又要考虑到事物发展的历史原因、特殊环境、时空差异，合理选择斗争方式。

中国共产党人最善于运用原则坚定性和策略灵活性相结合的方法解决复杂问题。改革开放以来，邓小平依据这一方法解决了一系列重大问题，如在如何对待马克思主义、毛泽东思想的问题上，邓小平说："马列主义、毛泽东思想的基本原则，我们任何时候都不能违背，这是毫无疑义的。但是，一定要和实际相结合，要分析研究实际情况，解决实际问题。按照实际情况决定工作方针，这是一切共产党员所必须牢牢记住的最基本的思想方法、工作方法。"① 在对待社会主义的问题上，邓小平强调

① 邓小平. 邓小平文选：第2卷［M］. 北京：人民出版社，1994：114.

必须坚持社会主义道路，并把其作为“四项基本原则”的第一个原则，同时又强调社会主义制度并不等于建设社会主义的具体做法。没有固定模式的社会主义，也没有一成不变的社会主义，要根据自己的实际情况和自己的条件，以自力更生为主，走有中国特色的社会主义道路。他反复告诫全党，基本路线要管一百年，动摇不得，要一心一意地搞四个现代化，任何时候都不要受干扰。同时又鼓励大家，大胆地试，大胆地闯，不能像小脚女人一样。习近平总书记不仅是坚持用原则的坚定性和策略的灵活性方法来处理改革开放过程中所遇到的大事、难事的高手，而且总结出运用好这个原则的基本规律，即坚持增强忧患意识和保持战略定力相统一、坚持战略判断和战术决断相统一、坚持斗争过程和斗争实效相统一，开拓了新时代中国特色社会主义建设的崭新局面。

策略的灵活性要求善于审时度势，及时调

整斗争策略。兵无常势，水无常形。世界每时每刻都在发生变化，中国也每时每刻都在发生变化。面对始终发展运动的矛盾、不断发展变化的形势，一定要打破主观主义和形式主义的束缚，根据新变化新特点对斗争策略进行相应调整，选取恰当的斗争方式，并在斗争实效的检验中将不合时宜的观念做法清除出去，不断发展完善斗争策略，达到斗争策略和斗争实效在新的历史条件下的统一。

三、团结一切可以团结的力量

“人民，只有人民，才是创造世界历史的动力。”[①] 要想取得各项斗争的最终胜果，就必须在斗争中走群众路线，深深扎根人民群众，紧

---

① 毛泽东. 毛泽东选集：第3卷［M］. 北京：人民出版社，1991：1031.

紧依靠人民群众，调动一切积极因素，团结一切可以团结的力量。

1. 团结壮大力量的前提是一切为了人民

团结群众、依靠群众的前提是为了群众。全心全意为人民服务是我们党的根本宗旨，是党的全部工作的根本出发点和落脚点，也是我们党能够赢得广大人民群众支持和拥护的根本保障。坚持一切为了人民就要把以人民为中心的发展思想和全心全意为人民服务的宗旨落到实处，实现好、维护好、发展好人民群众的切身利益。党员干部要强化让人民过上美好生活的奋斗精神，增进同人民群众的感情，同人民想在一起、干在一起，着力解决群众的操心事、烦心事，以为民谋利、为民尽责的实际成效取信于民。同时，也要使人民群众认识到、体会到，中国共产党人的斗争在根本上不是为了打倒某个特定的“谁”，也从来不是为了党自身而斗，而是要和一切威胁人民、反对人民、伤害人民的风险挑战作斗争。谁能真正代表人民的利益，和人民一起奋斗牺牲，人民就会选择谁、跟谁干。党与人民同甘共苦，人民就与党命运与共，伟大事业就能凝聚起磅礴力量。

2. 团结壮大力量需要向人民群众学习

依靠群众就要虚心向人民群众学习。人民群众是历史的创造者，是社会的实践主体。人民群众拥有无限的智慧。习近平总书记指出："在人民面前，我们永远是小学生，必须自觉拜人民为师，向能者求教，向智者问策；必须充分尊重人民所表达的意愿、所创造的经验、所拥有的权利、所发挥的作用。我们要珍惜人民给予的权力，用好人民给予的权力，自觉让人民监督权力，紧紧依靠人民创造历史伟业，使我们党的根基永远坚如磐石。”① 三个臭皮匠赛过诸葛亮，向人民群众学习，才能拥有无穷的智慧。

3. 团结壮大力量务必凝聚群众共识

人心齐、泰山移，群众的理解是统一行动的前提，是凝聚力量的基础。不管是战略目标的确定，还是战略举措的实施，都要充分征求人民群众的意见，以群众满意不满意、高兴不高兴、答应不答应为根本标准。改革开放时期，面对姓“资”还是姓“社”的问题，邓小平同志提出“三个有利于”的衡量标准，凝聚了社会最大共识，解决了改革迈不开步子、不敢闯的问题。江泽民同志总结改革开放取得的成功经验时说：“我们的改革和建设，只有得到人民群众的理解、支持和参与，充分发挥人民群众

---

① 习近平. 习近平谈治国理政：第 1 卷［M］. 北京：外文出版社，2018：27.

的积极性和创造性，才能顺利推进；党的领导地位，只有赢得人民群众的信赖和拥护，才能巩固和加强。”①

新时代，社会结构深刻变动，利益格局深刻调整，思想观念深刻变化，凝聚改革共识难度加大，统筹兼顾各方面利益任务艰巨。习近平总书记指出：“每个人都有理想和追求，都有自己的梦想……实现中华民族伟大复兴，就是中华民族近代以来最伟大的梦想。这个梦想，凝聚了几代中国人的夙愿，体现了中华民族和中国人民的整体利益，是每一个中华儿女的共同期盼。”② 紧紧围绕中华民族伟大复兴的中国梦来团结人民，就能够最大程度地减少内耗，凝聚起伟大斗争的磅礴力量。我们要继承和发扬调查研究的优良作风，了解群众的所思

① 江泽民. 江泽民文选：第 1 卷［M］. 北京：人民出版社，2006：407.

② 习近平. 习近平谈治国理政：第 1 卷［M］. 北京：外文出版社，2018：36.

所盼。领导干部只有扑下“身子”深入基层，才能了解到最全面的信息；只有放下“架子”深入群众，才能获得最真实的信息，为凝聚共识累积条件。同时，要以群众喜闻乐见的形式，向人民群众宣传党的思想理念、路线方针、政策主张，形成“心往一处想、劲往一处使”的洪荒力量。

4. 团结壮大力量依赖组织发动群众

百年党史，中国共产党领导人民攻克无数难关，克服无数挑战，不仅是依靠党自身的坚强意志和正确方略，更是因为党始终高度重视组织群众，充分激发了群众活力。毛泽东同志指出：“革命战争是群众的战争，只有动员群众才能进行战争，只有依靠群众才能进行战争。”① “动员了全国的老百姓，就造成了陷敌

① 毛泽东. 毛泽东选集：第1卷［M］. 北京：人民出版社，1991：136.

于灭顶之灾的汪洋大海，造成了弥补武器等等缺陷的补救条件，造成了克服一切战争困难的前提。”① 因为共产党人“好比种子”，同“好比土地”的人民结合起来，“在人民中间生根、开花”，所以，老百姓给红军传递信息，宁可自己挨饿也要省下粮食送给红军，宁可被敌人打死也不暴露红军的目标，以至于“最后一碗米送去做军粮，最后一尺布送去做军装，最后一件老棉袄盖在担架上，最后一个亲骨肉送去上战场”。抗战时期，八路军与民兵、老百姓连为一体，与日本鬼子打麻雀战，时聚时散；打水上游击战，时隐时现；打地道战，神出鬼没；打地雷战，步步设阻，使日寇掉进天罗地网。

改革开放以来，共产党人继承发展了这一优良传统。1980 年 12 月，邓小平同志在中共中央工作会议上的讲话中指出：“群众是我们力量

---

① 毛泽东. 毛泽东选集：第 2 卷［M］. 北京：人民出版社，1991：480.

的源泉，群众路线和群众观点是我们的传家宝……如果哪个党组织严重脱离群众而不能坚决改正，那就丧失了力量的源泉，就一定要失败，就会被人民抛弃。”① 胡锦涛同志说：“群众是真正的英雄，是我们党的力量源泉和胜利之本。党和人民事业能不能顺利发展，关键在我们党能不能始终保持同人民群众的血肉联系，能不能充分调动人民群众的积极性、主动性、创造性。”② 中国特色社会主义进入新时代，中国这艘巨轮驶入愈进愈难、愈进愈险而又不进则退、非进不可的境况。只要我们充分调动人民群众的积极性，充分激发出人民群众的创造活力，就能拥有战无不胜、攻无不克的斗争力量。

---

① 邓小平. 邓小平文选：第2卷［M］. 北京：人民出版社，1994：368.

② 胡锦涛. 胡锦涛文选：第3卷［M］. 北京：人民出版社，2016：442.

四、在斗争中学会斗争

斗争能不能取胜，最终要靠斗争本领说话。斗争本领不是与生俱来的。习近平总书记指出，要“在斗争中学会斗争”①，“要经受严格的思想淬炼、政治历练、实践锻炼，在复杂严峻的斗争中经风雨、见世面、壮筋骨，真正锻造成为烈火真金”②。

1. 在思想淬炼中夯实斗争根基

思想淬炼的本质是坚定理想信念。理想信念是共产党人精神上的“钙”，没有理想信念，

---

① 习近平. 立志做党光荣传统和优良作风的忠实传人 在新时代新征程中奋勇争先建功立业［N］. 人民日报，2021-03-02(01).

② 习近平. 习近平谈治国理政：第3卷［M］. 北京：外文出版社，2020：227.

或者理想信念不坚定，精神上就会“缺钙”，就会得“软骨病”。对马克思主义的信仰，对社会主义和共产主义的信念，是共产党人的政治灵魂和安身立命的根本，也是党员干部斗争底气斗争力量的源泉。党在革命、建设和改革开放的伟大进程中，无数革命先烈冲锋陷阵、赴汤蹈火以至于牺牲生命都在所不辞，广大共产党员为党的事业鞠躬尽瘁、死而后已，他们不为钱，不为官，不怕苦，不怕死，只为了胸中的主义和心中的信仰。新时代的背景下，随着社会不断发展进步，形势越来越复杂，少部分党员干部经受不住权力、金钱、美色的考验，违法犯罪，一个重要的原因就是动摇或丧失了崇高的理想信仰。因此，各级党政干部必须固本培元、凝神聚气，筑牢信仰信念。

思想淬炼的基本途径是学习马克思主义理论。理论是行动的先导，理论上清醒，政治上才能坚定。在实现中华民族伟大复兴中国梦的新历史起点上，面对新问题新挑战，学懂、弄通、悟透、做实党的创新理论，掌握马克思主义立场、观点、方法，培植我们的精神家园，才能保证政治上的清醒和思想上的明白，在斗争中坚持原则，不迷失自我和方向。

研读经典是提高理论修养、淬炼理想信念的基本方式。经典是超越时空的人类智慧，是人类智慧保存和传承的集散地。与伟人对话，就是阅读他们撰写的经典，感悟经典所承载的不朽灵魂和伟大人格。马克思主义经典著作包含着并集中体现着马克思主义基本原理，认真学习马克思主义经典著作，才能完全准确地理解中国特色社会主义道路，才能创造性地运用马克思主义立场、观点、方法分析和解决实际问题。习近平新时代中国特色社会主义思想是当代中国的马克思主义、二十一世纪的马克思主义，是中华文化和中国精神的时代精华。“共产党人要把读马克思主义经典、悟马克思主义原理当作一种生活习惯、当作一种精神追求，用经典涵养正气、淬炼思想、升华境界、指导实践。”[①] 学习习近平新时代中国特色社会主义思想，要坚持读原著、学原文、悟原理，做到深学深悟，常学常新，以理论上的绝对清醒保证政治上的绝对坚定。

2. 在政治历练中增强政治能力

政治本领是党政干部所有本领中最重要的、排在第一位的本领。党政干部要把自觉提升政治本领作为培育和弘扬斗争精神的基础与前提。

在政治历练中保持政治定力。这是指通过现实的政治历练，通过实践磨炼、重大考验，把准政治方向，在各种思潮、各种形势面前站稳脚跟，在重大政治原则和大是大非问题上毫不含糊、毫不动摇，把握好政治方向之“舵”，

---

① 习近平. 习近平谈治国理政：第 3 卷［M］. 北京：外文出版社，2020：75.

始终做到政治上同向、思想上同心、步调上同频、行动上同力。正如习近平总书记所要求的那样，“在思想政治上讲政治立场、政治方向、政治原则、政治道路，在行动实践上讲维护党中央权威、执行党的政治路线、严格遵守党的政治纪律和政治规矩”①。领导干部要不忘初心、牢记使命，以更宽广的政治格局、更高的政治智慧、更强的政治担当，坚决贯彻执行党中央的决策部署，对党绝对忠诚。

过硬的政治定力，不是轻轻松松就能实现的，必须拿出滚石上山的拼劲、燕子垒窝的恒劲，时时处处对照习近平新时代中国特色社会主义思想要求、党章党规、模范典型、民意民声，检视不足，不断砺思想、壮筋骨、升境界。只有到重大斗争中去经受锻炼，在搏击风浪中

① 习近平. 以时不我待只争朝夕的精神投入工作 开创新时代中国特色社会主义事业新局面［N］. 人民日报，2018-01-06(01).

增长胆识，才能做到临危不惧、处变不惊，在大是大非面前立场坚定，在危险考验面前无惧无畏，在名利诱惑面前岿然不动。

在政治历练中练就政治慧眼。政治慧眼就是指能够深入透彻地观察、分析问题，始终保持政治敏锐性和政治鉴别力，做到眼睛亮、见事早、行动快，也就是政治领悟力。在党的历史上，面对“红旗到底能打多久”的质问，毛泽东以“星星之火，可以燎原”作出自信的回答；面对姓“资”、姓“社”的纠结，邓小平以南方谈话冲破了思想的枷锁。他们正是在无数的政治历练中，练就了一双火眼金睛，在历史的十字路口，作出了顺应时代潮流的正确抉择。习近平总书记强调，新时代的党员干部要练就一双政治慧眼，不畏浮云遮望眼，切实担负起党和人民赋予的政治责任。只有在长期的政治历练中，在具体处理工作的过程中，方能练就清醒的政治头脑。

在政治历练中恪守政治规矩。“无规矩不成方圆”，坚守政治规矩，党员干部才能在艰难复杂的斗争局势中积极进取、奋发作为，不负党组织的培养和重托，不负时代赋予的责任与使命。一是恪守政治纪律。首要的是做到“两个维护”，党员干部必须始终做到自觉坚定具体，即发自内心、不讲条件地落细落小落实。恪守政治规矩的行为准绳，党员干部才能知敬畏、明底线、常警醒。二是坚守法律、道德的规矩。“欲知平直，则必准绳；欲知方圆，则必规矩。”要做到有规则、有底线、有度量、有抱负、不任性，自觉依法行政、科学行政，多行利民之举，多干利民之事。

习近平总书记指出：“严肃认真的党内政治生活……是解决党内矛盾和问题的‘金钥匙’，是广大党员、干部锤炼党性的‘大熔炉’，是纯洁党风的‘净化器’。”① 党员干部要在严肃的

① 中共中央文献研究室．习近平关于全面从严治党论述摘编［M］．北京：中央文献出版社，2016：48.

党内政治生活中，在同歪风邪气、腐败现象作斗争的过程中站稳政治立场；在从严落实党的组织生活、坚持民主集中制原则中明辨政治是非；在严格执行各项制度中强化政治操守，提升抵御诱惑的能力。

3. 在实践锻炼中提高斗争本领

“刀在石上磨，人在事上练”，斗争必须付诸实践活动，在斗争中学习斗争，在斗争实践中增强斗争本领。中国共产党的斗争能力，是在百年斗争实践中获得和提升的。党员干部的斗争本领不会因高涨的革命热情或者执政者的地位而自然产生，也不会随着职务升迁、党龄增加而自然提升。

第一，在工作实践中锻炼斗争本领。

毛泽东同志曾这样谈工作：“什么叫工作？工作就是斗争。那些地方有困难、有问题，需要我们去解决。我们是为着解决困难去工作、去斗争的。"[①] 毛泽东的斗争本领就是在工作中锻炼出来的，正是早期各种工作斗争的磨炼，长征路上的围追堵截、险象环生、斗智斗勇，才把毛泽东半生积累的潜力彻底激发出来。所以，1938 年，共产国际在了解到中国抗日战争和国共关系的实际情况后，指出：中国共产党的领导人毛泽东同志是久经考验的马克思列宁主义者，应该支持毛泽东同志为中国共产党的领导人，他是在实际斗争中锻炼出来的领袖。新时代，我们一些干部最缺的是实践经验，特别是缺少在重大斗争中经风雨、见世面的经历。多经历一些大事要事、急事难事，才能在干事中长本事，在历练中变老练。行万里路就是战胜千百种拦路虎的历练。当代中国正经历着有史以来最为广泛而深刻的社会变革，正在进行着人类历史上最为宏大而独特的

① 毛泽东. 毛泽东选集：第 4 卷 [M]. 北京：人民出版社，1991：1161.

实践创新，我们要投身到这场火热的生活和事业中去，在真抓实干、服务群众的工作中提升执政能力，在真刀真枪、真碰硬撞的斗争中增强斗争本领。

第二，在基层磨炼中增长斗争才干。

治国安邦重在基层。党的工作最坚实的力量支撑在基层，最突出的矛盾和问题也在基层。基层矛盾多、困难大、情况复杂，基层磨炼能长见识、累经验、磨意志、增才干。革命烈士毛岸英在苏联卫国战争中作战英勇，已经被授予了中尉军衔，斯大林还奖励过他一支手枪。但是，1946年毛岸英一回到延安，毛泽东就要求他到基层去，还专门请了劳动模范吴满有作为他的老师，所以成了真正的青年才俊。习近平总书记在湖南考察时在基层代表座谈会上强调，干部成长多一些基层的经历，在基层摸爬滚打时间长一点，什么都经历过了，最后再扛更重的担子，做事情的时候才能不慌不乱，才有底气。当下，不少党员领导干部知识丰富，见多识广，志向高远，都想干出一番事业来。但是，有的人只是高文凭、高学历，而实际工作能力不足；有的人心浮气躁、急功近利，经不起挫折和逆境，每遇风浪就脑发懵、腿发软、心发慌，寻根究底都是缺乏基层工作实践的艰苦磨炼。根植城市图安逸，不想服务基层受清苦，耐不住一个岗位多年的无趣，导致部分人员眼高手低、说得好做得差、想法多办法少。因此，党员干部一定要到农村的田间地头、社区的家长里短、企业的产业项目等基层一线去磨炼。

第三，在困苦锤炼中提升斗争本领。

艰难困苦，玉汝于成。困难和问题既是成功的拦路石，也是提高斗争本领的磨刀石。革命岁月的领导干部都是经过千锤百炼、浴血奋战而成长起来的。毛泽东年轻时特地选择徒步远行，走山间小路，体验人间疾苦，增长了见识，磨砺了意志，提升了能力。越是吃不下饭、睡不着觉、嘴上长泡的时候，越是壮筋骨、长才干、增本领的时候。遇到问题绕着走，碰到矛盾躲着走，看见难点低头走，一心想过太平日子，这样的干部难当重任。想舒舒服服、无忧无虑，就不要当干部；受不了苦、吃不了亏，就当不好干部。多点“热锅上的蚂蚁”的煎熬，就会多几分处变不惊的镇定、庖丁解牛的老练；多经历几回大事要事、急事难事的考验，就会多收获“狭路相逢勇者胜”的经验。

向困难进军、让困难低头也是抓落实最有效的途径。抓落实没有一股“闯”“钻”“拼”劲，没有迎难而上的勇气，是不可能抓好的。领导干部要不怕困难，不惧风险，敢啃硬骨头，到吃劲的工作岗位上去，到艰难困苦的环境中去，到群众最需要的地方去，在日积月累的尝试和失败、等待和希望、煎熬与奋起中，在经受各种委屈或批评后，健硕身板，完成蝶变。疾风知劲草，烈火见真金，经受困苦的摔打和考验，才能造就“金刚不坏之身”，走好新时代的长征路。

结束语

中华民族是历经磨难、不屈不挠的伟大民族，中国人民是勤劳勇敢、自强不息的伟大人民，中国共产党是敢于斗争、善于斗争、勇于胜利的伟大政党。历史车轮滚滚向前，时代潮流浩浩荡荡。历史只会眷顾坚定者、奋进者、搏击者，而不会等待犹豫者、懈怠者、畏难者。领导干部坚持敢于斗争，要招之即来，对党忠诚，服从党的领导，听从党的指挥；要来之能战，敢于担当，少说空话，多谋大事，多干实事；要战之必胜，练就“金刚钻”，能揽“瓷器活”，讲求实效，为实现中华民族的伟大复兴贡献力量。

后　记

党的十九届六中全会，是在中国共产党成立100周年的重要历史时刻，在党和人民胜利实现第一个百年奋斗目标、全面建成小康社会，正在向着全面建成社会主义现代化强国的第二个百年奋斗目标迈进的重大历史关头召开的一次大会。大会全面总结了党的百年奋斗重大成就和历史经验。本书以党的百年奋斗历史经验为主旨，系统阐释第八条历史经验：坚持敢于斗争。

本书由何良安拟订提纲，统筹编写。各章的写作分工如下：第一章（姜正君），第二章（王焱），第三章（黄自立），第四章（谢红），

第五章（樊鹤平），第六章（何良安）。全书最后由何良安、姜正君审稿、统稿、定稿。从正式承接任务到交付初稿，时间紧迫。短时间要完成提纲拟订、资料搜集、材料整理、写作修改，是一项艰巨繁重的任务。幸好有哲学部编写组全体人员的精诚团结和辛苦付出，最终书稿在众人的努力之下顺利付梓了。

由于时间仓促，本书编写的疏漏甚至不当之处在所难免，还请读者批评指正。

何良安

2022 年 1 月

图书在版编目(CIP)数据

制胜之道. 坚持敢于斗争 / 曹健华总主编. —长沙：湖南教育出版社，2022.2
ISBN 978-7-5539-8760-6

Ⅰ. ①制… Ⅱ. ①曹… Ⅲ. ①中国共产党—党的建设—研究 Ⅳ. ①D26

中国版本图书馆 CIP 数据核字（2022）第 031973 号

书　　名	制胜之道·坚持敢于斗争 ZHISHENG ZHI DAO · JIANCHI GANYU DOUZHENG
总 主 编	曹健华
本册主编	何良安
责任编辑	张　洵
责任校对	殷静宇
装帧设计	杨发凯
出版发行	湖南教育出版社(长沙市韶山北路 443 号)
网　　址	www.hneph.com
电子邮箱	hnjycbs@ sina.com
客服电话	0731-85486979
经　　销	湖南省新华书店
印　　刷	长沙超峰印刷有限公司
开　　本	787 mm×1092 mm　32 开
印　　张	9.625
字　　数	108 000
版　　次	2022 年 2 月第 1 版
印　　次	2022 年 2 月第 1 次印刷
书　　号	ISBN 978-7-5539-8760-6
定　　价	35.00 元